제1회
L-TAB 롯데그룹
직무적합진단

〈쿠폰번호〉

도서 동형 온라인 모의고사(4회 수록)	APIR-00000-BE8AF

〈시험진행〉

개요	시간
• 실제 업무 상황처럼 구현된 아웃룩 메일함 / 자료실 환경에서 이메일 및 메신저 등으로 전달된 다수의 과제 수행 • 문항에 따라 객관식, 주관식, 자료 첨부 등 다양한 형태의 답변이 가능 • 문항 수 구분은 없으나 대략적으로 30 ~ 40문제 수준의 문항 수가 주어짐	3시간 (사전준비 1시간 포함)

제1회 직무적합진단	문항 수 : 40문항 시험시간 : 120분

※ L사는 한글날을 기념하여 범정부적으로 추진하는 '쉬운 공공언어 사용 운동'에 동참하려고 한다. 다음 자료를 보고 이어지는 질문에 답하시오. **[1~4]**

〈쉬운 공공언어 쓰기 기본 길잡이〉

1. 국민의 처지에서 표현하기

  가. 권위적 표현을 사용하지 않는다.

    [예] 다음과 같이 <u>작성할 것</u> → 다음과 같이 <u>작성해 주십시오</u>.

  나. 차별적 표현을 사용하지 않는다.

    [예] 독거노인과 <u>결손가정</u>에 생필품을 전달했다.

       → 독거노인과 <u>한부모 가족, 청소년 가장 등</u>에 생필품을 전달했다.

2. 쉬운 말로 쓰기

  가. 줄임말(약어)과 전문용어는 쉽게 풀어 쓴다.

    [예] 셧다운제 → 게임일몰제, R&D → 연구개발, MOU → 업무협정 등

  나. 외국어를 남용하지 않는다.

    [예] 서비스 <u>모니터링</u>을 연 1회 이상 실시하여 미흡한 점을 개선하겠습니다.

       ↳ '점검 또는 실태 조사'

  다. 외국 글자나 한자를 피한다.

    [예] H.P. → 휴대전화, Fax → 팩스, 內 → 내, 對 → 대, 外 → 외

3. 명료한 문장으로 쓰기

  가. 문맥에 맞는 단어를 쓴다.

    [예] <u>계획을 달성할 수 있도록</u> → <u>계획을 이행할 수 있도록 / 목표를 달성할 수 있도록</u>

  나. 문장 구성 요소끼리 잘 어울려야 한다.

    [예] 미세 먼지란 입자의 크기가 ~ <u>이하를</u> 말한다.

       → 미세 먼지란 입자의 크기가 ~ <u>이하인 것을 말한다</u>.

  다. 문장 구성 요소를 지나치게 생략하지 말아야 한다.

    [예] 일정 규모 이상의 야적장을 물류창고로 운영하는 물류창고업자는 등록해야하므로 → 일정 규모 이상의 야적장을 물류창고로 운영하는 물류창고업자는 <u>물류창고업을</u> 등록해야 하므로

  라. 문장을 짧게 쓰고, 자연스러운 어순으로 쓴다.

  마. 조사를 정확하게 사용해야 한다.

  바. 번역 투를 피한다.

    [예] 선정된 점포<u>에 대해서는</u> → 선정된 점포<u>에는</u>

사. 명사 나열 표현을 피한다.
　　예 일괄 공사 변경과 ~ → 일괄 공사하는 것으로 변경하고 ~
아. 뜻이 불분명한 말은 피한다.
　　예 알맞은 자격 및 능력이 있다고 인정되는 사람
　　　→ 알맞은 자격 또는 능력이 있다고 인정되는 사람
자. 의무, 금지, 재량, 예외 사항을 분명히 나타낸다.

4. 한눈에 알 수 있게 구성하기
가. 공문서는 형식에 맞춰 주제가 분명하게 드러나도록 써야 한다.
나. 글의 내용을 일관성 있게 전개해야 한다.
다. 글은 종류에 따라 먼저 확인해야 할 내용과 필요한 내용 등이 달라진다. 될 수 있으면 결론을 먼저 쓰고,
　　그다음에 이유 또는 설명을 쓴다.
라. 항목별로 정보를 나열하여 제시할 경우 해당 항목에서 그와 관련된 내용을 파악할 수 있도록 해야 한다.
마. 공공언어는 시각적 편의(작은따옴표, 밑줄, 굵기 등)를 고려하여 편집해야 한다.

01 귀하는 전 직원을 대상으로 쉬운 공공언어 사용에 대한 교육을 진행할 예정인데, 원활한 이해를 돕기 위해
예문을 보충하려고 한다. 다음 중 쉬운 공공언어 쓰기 길잡이에 의해 올바르게 작성된 것은?

① 외국인 근로자 등 소외 계층을 대상으로 무료 법률 상담을 진행할 예정이다.
② 글로벌 우수 과학자를 유치하기 위해 과학자 간의 글로벌 네트워크를 구축하고 연구 성과를 글로벌 스탠더
드를 적용하여 평가한다.
③ 이번 교육은 청소년들이 전통 음식의 우수성과 녹색 식생활을 이해하고 실천할 수 있게 하려고 마련되었다.
④ 설문조사 결과는 청소년 언어 개선책을 시급히 마련해야 한다는 점을 말해 주고 있다.
⑤ 어제 회의 결과에 따라 새롭게 도입된 프로그램을 적극 이용 바랍니다.

02 L사에서는 우리말 모의고사를 실시하여 직원들의 평균점수를 조사하였다. 우수 평점을 받은 직원들의 평균
점수는 85점이고, 나머지 직원들의 평균점수는 60점이었다. 우수 평점을 받은 직원들은 전체의 10%를 차지
한다고 할 때, L사의 전체 평균점수는?

① 62점　　　　　　　　　　　　　② 62.5점
③ 63점　　　　　　　　　　　　　④ 63.5점
⑤ 64점

03 귀하는 상사로부터 '쉬운 공공언어 쓰기' 점검표를 작성하라는 요청을 받았다. 다음과 같이 초안을 완성하였으며 상사에게 초안을 보고하기 전 검토하려고 한다. 다음 점검표에서 잘못 쓰인 단어는 모두 몇 개인가?

<쉬운 공공언어 쓰기>

단어	고압적·권위적 표현, 차별적 표현(성, 지역, 인종, 장애 등)은 없는가?	예 ☐	아니요 ☐
	일반적으로 널리 쓰이는 쉬운 단어를 사용했는가? (상토적인 한자어, 어렵고 낯선 외국어를 다드머 썼는가?)	예 ☐	아니요 ☐
	줄림말(약어)이나 전문용어를 친절하게 설명했는가?	예 ☐	아니요 ☐
	괄호 안에 쓰지 않고 외국 문자를 바로 노출한 단어는 없는가?	예 ☐	아니요 ☐
	한글 맞춤법, 외래어 표기법 등 어문규범에 맞게 썼는가?	예 ☐	아니요 ☐
문장	문장이 장황하거나 지나치게 길지 않은가?	예 ☐	아니요 ☐
	여러 가지로 해석되는 단어나 문장은 없는가?	예 ☐	아니요 ☐
	문장 성분끼리 잘 호웅하는가?	예 ☐	아니요 ☐
	불필요한 피동·사동 표현이나 번역투 표현은 없는가?	예 ☐	아니요 ☐
구성	적절한 형식에 맞춰 제시하였는가?	예 ☐	아니요 ☐
	제목이나 소제목이 전달 의도를 잘 보여주는가?	예 ☐	아니요 ☐
	논리적으로 베열되어 글이 조리 있게 전개되는가?	예 ☐	아니요 ☐
	도표나 수식 등의 보조 자료는 쉽게 이해할 수 있는가?	예 ☐	아니요 ☐

① 3개
② 4개
③ 5개
④ 6개
⑤ 7개

04 L사는 평소 언어태도가 우수한 직원인 A사원, B대리, C사원, D과장 중 우리말 우수직원을 선발할 예정이다. 이때, 'D과장이 선정되지 않으면 A사원이 선정되기 때문에 적어도 A사원은 우수직원으로 선정될 것이다.'라는 가정이 성립하기 위해 〈보기〉에서 추가되어야 하는 전제로 옳은 것을 모두 고르면?

─〈보기〉─

ㄱ. B대리가 선정된다.
ㄴ. C사원이 선정되면 D과장은 선정되지 않는다.
ㄷ. C사원이 선정된다.
ㄹ. C사원이 선정되면 B대리가 선정된다.

① ㄱ, ㄴ
② ㄱ, ㄹ
③ ㄴ, ㄷ
④ ㄴ, ㄹ
⑤ ㄷ, ㄹ

발신 : 김어진(경영지원, ujkim@kkk.co.kr) 14:25:32
수신 : 서우선(영업1 / 팀장), 김준서(영업2 / 팀장), 신수안(교육 / 팀장), 최연(R&D / 팀장)
참조 : 구서준(경영지원 / 팀장, sjgoo@kkk.co.kr)
제목 : 사내 에너지 절약 캠페인 실행 및 경영지원실 안내의 건

안녕하십니까? 경영지원팀 김어진 대리입니다.

익일부터 시행되는 '사내 에너지 절약 캠페인' 실행과 관련한 안내문을 보내드립니다. 메일을 받으신 팀장님들께서는 해당 팀 소속 직원에게 본 메일을 전달해 주시어 모두가 캠페인의 내용을 알 수 있도록 해주시기 바랍니다. 캠페인 안내문에는 공공 단위와 개별 단위로 실천할 수 있는 절약 행동이 모두 담겨 있습니다. 그러나 본 메일에 첨부한 포스터는 개별 단위 실천 행동만 담은 개인 실천 행동 지침 포스터입니다. 팀장님들은 팀원들이 포스터를 각자 출력하여 개인 책상 앞에 부착할 수 있도록 안내해 주시기 바랍니다.

추가적으로 경영지원실에서 안내 말씀드립니다.

1) 영업실적 미입력

현재 영업팀의 영업실적이 입력되지 않아 급여 산정에 어려움을 겪고 있습니다. 영업팀장님들은 실적 미입력자가 조속히 인트라넷에 입력할 수 있도록 조치하여 주시기 바랍니다.

2) 워크숍 일정 선정

오는 9월엔 창립기념일이 있습니다. 금년에도 창립기념일을 기념하는 전사 워크숍이 있을 예정입니다. 워크숍 일정을 조율하기 위한 사전 조사 파일을 함께 보내드립니다. 각 팀장님들은 첨부파일을 확인하시어 팀별 참여 가능 일정을 조사해주신 뒤 해당 내용을 경영지원팀 손시윤 사원(syson@kkk.co.kr)에게 회신하여 주시기 바랍니다.

감사합니다.

경영지원팀 김어진 드림

첨부파일	

05 다음 중 김어진 대리가 첨부한 캠페인 포스터가 포함하고 있을 내용으로 가장 적절한 것은?

① 손을 깨끗하게 닦으셨군요! 그렇다면 당신의 손을 산뜻하게 만들어 줄 페이퍼 타올은 한 장씩만 사용해 주세요! 한 장이면 충분해요.

② 잠깐! 오탈자 확인하셨나요? 오타 확인은 종이 낭비를 막는 가장 빠른 지름길! 1분을 투자하는 습관이 1억의 자연 가치로 돌아옵니다.

③ 혹시 마지막으로 퇴근하고 계신가요? 오늘도 열심히 일한 멋진 당신에게 휴식을 선물합니다. 설레는 퇴근 길이지만 당신의 하루를 함께 밝힌 전구에게도 휴식을 선물하는 것을 잊지 말아 주세요.

④ 양치질 후 헹궈낼 땐 맨손 대신 컵을 사용해요. 혹시 컵이 없으신가요? 지금 바로 경영지원실로 찾아오세요! 선착순 15명에게 컵을 드려요!

⑤ 계단을 한 칸씩 오를 때마다 여러분의 건강수명은 늘어납니다. 3층 이하는 엘리베이터 대신 계단을 이용합시다.

06 워크숍은 A ~ E 5개 부서가 참가할 예정이다. 워크숍 진행 순서가 다음 〈조건〉과 같을 때, 세 번째로 워크숍을 진행하는 부서는?

─────── 〈조건〉 ───────

• A부서는 C부서보다 먼저 한다.
• B부서는 A부서보다 늦게 D부서보다 빨리 한다.
• B부서와 D부서는 C부서보다 빨리한다.
• D부서는 E부서보다 먼저 한다.
• E부서는 C부서보다 먼저 하지만 A부서보다 늦게 한다.

① A부서   ② B부서
③ C부서   ④ D부서
⑤ E부서

07 구서준 팀장은 워크숍 숙소 배정 업무를 맡았다. 다음 결과를 참고할 때 워크숍을 가는 사원수는?

• 5명씩 방을 배정하면 9명이 방 배정을 못 받는다.
• 7명씩 방을 배정하면 방이 3개가 남는다.

① 70명   ② 74명
③ 79명   ④ 84명
⑤ 89명

08 다음 중 위 메일과 관련성이 가장 낮은 메일은?

①

발신	서우선
수신	영업 1팀 전체
참조	
제목	FW: 사내 에너지 절약 캠페인 실행

금일 경영지원실로부터 받은 캠페인 실행 관련 메일을 포워딩합니다.

－－－－ 내용 －－－－

안녕하십니까?
경영지원팀 김어진 대리입니다.

익일부터 시행되는 '사내 에너지 절약 캠페인' 실행과 관련한 안내문을 보내드립니다.

첨부	에너지 절약 캠페인 안내문.pdf

②

발신	신수안
수신	손시윤(경영지원, syson@kkk.co.kr)
참조	
제목	창립일 기념 워크숍 일정 조사의 건

안녕하십니까?
교육팀 신수안 팀장입니다.

교육팀의 워크숍 참여 가능 일정을 송부합니다.

감사합니다.

신수안 드림

첨부	창립일 기념 워크숍 일정 조사_교육팀.xls

③

발신	김준서
수신	김어진(경영지원, ujkim@kkk.co.kr)
참조	
제목	영업 실적 입력 건

안녕하세요.
영업2팀 팀장 김준서입니다.

영업 2팀의 영업실적을 수기 입력하여 송부합니다.
업무에 불편을 드려 죄송합니다.

김준서 드림

첨부	영업실적_영업2팀.xls

④

발신	최연
수신	R&D팀 전체
참조	
제목	사내 에너지 절약 캠페인 실행 건

최연입니다.

6월 18일부터 전사적 차원의 에너지 절약 캠페인이 시행될 예정입니다.
본 안내문과 포스터를 참고하시어 캠페인에 적극 동참하여 주시기 바랍니다.

감사합니다.

첨부	에너지절약 캠페인_안내문.hwp 에너지절약 캠페인_포스터.pdf

⑤

발신	구서준
수신	손시윤(경영지원, syson@kkk.co.kr)
참조	
제목	창립일 기념 워크숍 일정 조사의 건

구서준입니다.

경영지원팀의 워크숍 참여 가능 일정도 송부하니 워크숍 일정 조율 시 참고바랍니다.

감사합니다.

첨부	창립일 기념 워크숍 일정 조사_경영지원팀.xls

※ 다음은 원탁 테이블 3개가 있는 어느 카페의 하루 방문자 현황이다. 이를 보고 이어지는 질문에 답하시오.
[9~12]

- 카페에서 보유한 원탁에 대한 정보는 다음과 같으며, 카페는 각 원탁을 1개씩 보유하고 있다.
  - 2인용 원탁 : 1 ~ 2인만 앉을 수 있음
  - 4인용 원탁 : 1 ~ 4인만 앉을 수 있음
  - 6인용 원탁 : 3 ~ 6인만 앉을 수 있음
- 방문한 인원수에 맞추어 원탁을 배정하며 가능한 작은 원탁을 우선 배정한다.
- 함께 온 일행은 같이 앉을 수 있는 자리가 없다면 즉시 퇴장한다.
- 함께 온 일행들은 함께 앉을 수 있으면 같은 원탁에 앉고, 항상 함께 온 일행과 함께 나간다.
- 한 번 들어온 손님은 반드시 1시간 동안 머문 후 나간다.
- 카페 영업시간은 오전 9시부터 오후 10시까지다.
- 시각별로 새로운 고객 입장 및 새로운 고객 입장 전 기존 고객에 대한 정보는 다음과 같다. 이 외에 새로운 고객은 없다.

(단위 : 명)

시각	새로운 고객	기존 고객	시각	새로운 고객	기존 고객
09:20	2	0	15:10	5	
10:10	1		16:45	2	
12:40	3		17:50	5	
13:30	5		18:40	6	
14:20	4		19:50	1	

※ 시각별 새로운 고객은 함께 온 일행임

09 다음 중 오후 3시 15분에 카페에 앉아 있는 손님은 총 몇 명인가?

① 1명
② 4명
③ 5명
④ 7명
⑤ 9명

10 위 자료에 대한 설명으로 옳지 않은 것을 〈보기〉에서 모두 고르면?

─────〈보기〉─────
ㄱ. 오후 6시 정각에 카페에 앉아 있는 손님의 수는 5명이다.
ㄴ. 카페를 방문한 손님 중 돌아간 일행은 없다.
ㄷ. 오전에는 총 3명의 손님이 방문하였다.
ㄹ. 오후 2시 정각에는 2인용 원탁에 손님이 앉아 있다.

① ㄱ, ㄴ
② ㄱ, ㄷ
③ ㄴ, ㄷ
④ ㄴ, ㄹ
⑤ ㄷ, ㄹ

11 어른 3명과 어린아이 3명이 함께 카페에 왔다. 6인용 원탁에 앉는다고 할 때 앉을 수 있는 경우의 수는?(단, 아이들은 어른들 사이에 앉힌다)

① 8가지　　　　　　　　　　　　② 12가지
③ 16가지　　　　　　　　　　　④ 20가지
⑤ 24가지

12 L사 직원 A ~ E 5명은 점심식사를 하고 카페에서 각자 원하는 음료를 주문하였다. 다음 〈조건〉을 참고할 때, 카페라테 한 잔의 가격은?

―――――――――〈조건〉―――――――――
- 5명이 주문한 음료의 총 금액은 21,300원이다.
- A를 포함한 3명의 직원은 아메리카노를 주문하였다.
- B는 혼자 카페라테를 주문하였다.
- 나머지 한 사람은 5,300원인 생과일주스를 주문하였다.
- A와 B의 음료 금액은 총 8,400원이다.

① 3,800원　　　　　　　　　　　② 4,000원
③ 4,200원　　　　　　　　　　　④ 4,400원
⑤ 4,600원

※ 다음은 손가락 로봇 H에 대한 글이다. 이를 보고 이어지는 질문에 답하시오. [13~16]

인간의 손가락처럼 움직이는 H로봇이 개발되었다. 공압식 손가락 로봇인 H에는 정교한 촉각과 미끄러짐을 감지하는 감각 시스템이 내장돼 있어 물건을 적절한 압력으로 섬세하게 쥐는 인간의 능력을 모방할 수 있다. H로봇은 크기와 모양이 불규칙하거나 작고 연약한 물체를 다루는 데 어려움을 겪는 농업 및 물류 자동화 분야에서 가치를 발휘할 것으로 예상된다.

물류 자동화에 보편적으로 사용되는 관절 로봇은 복잡적인 '움켜쥐기 알고리즘' 및 엔드 이펙터(손가락)의 정확한 배치와 물건을 쥐기 위한 고가의 센서 기기 및 시각 센서 등을 필요로 한다. 공기압을 통해 제어되는 H의 손가락은 구부리거나 힘을 가할 수 있으며, 각 손가락의 촉각 센서에 따라 개별적으로 제어된다. 따라서 H로봇의 손가락은 _____ 인간의 손이 물건을 쥘 때와 마찬가지로 우선 손가락이 물건에 닿을 때까지 다가가 위치를 파악하고 해당 위치에 맞게 손가락 위치를 조정하여 물건을 쥐는 것이다. 이때 물건이 떨어지면 이를 즉각적으로 인식할 수 있으며, 물건이 미끄러지는 것을 감지하면 스스로 손가락의 힘을 더 높일 수 있다. 여기서 한걸음 더 나아가 기존 로봇이 쥐거나 포장할 수 있었던 물건의 종류와 수도 확대되었다.

실리콘 재질로 만들어진 H로봇의 내부는 비어있으며, 새롭게 적용된 센서들이 손가락 모양의 실리콘 성형 과정에서 내장되고 공기 실(Air Chamber)이 중심을 지나간다. H로봇의 유연한 손가락 표면은 식품을 만져도 안전하며, 쉽게 세척이 가능하다. 또한 손가락이 손상되거나 마모되더라도 저렴한 비용으로 교체할 수 있도록 개발됐다.

로봇 개발 업체 관계자는 "집품 및 포장 작업으로 인력에 크게 의존하는 물류산업은 항상 직원의 고용 및 부족 문제를 겪고 있다. 물류 체인의 집품 및 포장 자동화가 대규모 자동화보다 뒤떨어진 상황에서 H로봇의 감각 시스템은 물체 선별 작업이나 자동화 주문을 처음부터 끝까지 이행할 수 있도록 하는 물류 산업 분야의 혁명이 될 것이다."라고 말했다.

13 다음 중 H로봇에 대한 설명으로 적절하지 않은 것은?

① 내장된 감각 시스템을 통해 작고 연약한 물체도 섬세하게 쥔다.
② 손가락의 촉각 센서를 통해 물건의 위치를 정확히 파악한다.
③ 손가락의 센서들은 물건이 미끄러지는 것을 감지하여 손가락의 힘을 뺀다.
④ 손가락 표면의 교체 비용은 비교적 저렴한 편이다.
⑤ 세척이 용이하다.

14 다음 중 빈칸에 들어갈 내용으로 가장 적절한 것은?

① 고가의 센서 기기를 필요로 한다.
② 기존 관절 로봇보다 쉽게 구부러질 수 있다.
③ 밀리미터 단위의 정확한 위치 지정을 필요로 하지 않는다.
④ 가까운 곳에 위치한 물건을 멀리 있는 물건보다 더 쉽게 잡을 수 있다.
⑤ 무거운 물건도 간단하게 잡을 수 있다.

15 L사는 신제품으로 총 4대의 가정용 AI 로봇을 선보였다. 각각의 로봇은 다음 〈조건〉과 같이 전시장에 일렬로 전시되어 있고 한국어, 중국어, 일본어, 영어 중 한 가지만을 사용할 수 있다고 할 때, 항상 옳은 것은?

---〈조건〉---
- 1번 로봇은 2번 로봇의 바로 옆에 위치해 있다.
- 4번 로봇은 3번 로봇보다 오른쪽에 있지만, 바로 옆은 아니다.
- 영어를 사용하는 로봇은 중국어를 사용하는 로봇의 바로 오른쪽에 있다.
- 한국어를 사용하는 로봇은 중국어를 사용하는 로봇의 옆이 아니다.
- 일본어를 사용하는 로봇은 가장자리에 있다.
- 3번 로봇은 일본어를 사용하지 않으며, 2번 로봇은 한국어를 사용하지 않는다.

① 1번 로봇은 영어를 사용한다.
② 3번 로봇이 가장 왼쪽에 위치해 있다.
③ 4번 로봇은 한국어를 사용한다.
④ 중국어를 사용하는 로봇은 일본어를 사용하는 로봇의 옆에 위치해 있다.
⑤ 2번 로봇은 중국어를 사용한다.

16 L사의 김대리는 세계로봇박람회에 참석하여 H로봇에 대해 브리핑을 듣고 있는데, 브리핑은 여러 언어로 진행되었고 같이 듣고 있는 참석자(A ~ D)들 또한 여러 언어를 사용하고 있었다. 다음 〈조건〉을 통해 참석자들이 사용 가능한 언어를 추론할 때, 서로 언어가 통하지 않는 사람끼리 짝지어진 것은?

---〈조건〉---
- A는 한국어와 영어만을 할 수 있다.
- B는 영어와 독일어만을 할 수 있다.
- C는 한국어와 프랑스어만을 할 수 있다.
- D는 중국어와 프랑스어만을 할 수 있다.

① A, B ② A, C
③ B, D ④ C, D
⑤ 없음

※ 다음은 비-REM수면과 REM수면에 대한 글이다. 이를 보고 이어지는 질문에 답하시오. [17~20]

수면은 피로가 누적된 심신을 회복하기 위해 주기적으로 잠을 자는 상태를 의미한다. 수면은 '비-REM수면'과 급속한 안구 운동을 동반하는 'REM(Rapid Eye Movement)수면'이 교대로 나타난다. 일반적으로 비-REM수면 이후 REM수면이 진행된다. 비-REM수면은 4단계로 진행되면서 깊은 잠에 빠져들게 되는 수면이다. 이러한 수면의 양상은 수면 단계에 따라 달리 측정되는 뇌파로 살펴볼 수 있다. (㉠)

먼저 막 잠이 들기 시작하는 1단계 수면 상태에서 뇌는 '세타파'를 내보낸다. 세타파란 옅은 잠을 자는 상태에서 나타나는 뇌파로, 이때는 언제든 깰 수 있을 정도의 수면 상태이다. 이 단계는 각성 상태에서 수면으로 넘어가는 과도기적 상태로 뇌파가 각성 상태보다 서서히 느려진다. (㉡)

2단계 수면에서는 세타파 사이사이에 '수면방추'와 'K-복합체'라는 독특한 뇌파의 모습이 보인다. 수면방추는 세타파 중간마다 마치 실이 감겨 있는 것처럼 촘촘한 파동의 모습인데, 분당 2 ~ 5번 정도 나타나며 수면을 유지시켜주는 역할을 한다. K-복합체는 2단계 수면에서 나타나는데, 세타파 사이사이에 아래위로 갑자기 삐죽하게 솟아오르는 모습을 보인다. 실험에 의하면 K-복합체는 수면 중 갑작스러운 소음이 날 때 활성화된다. (㉢)

깊은 수면의 단계로 진행되면 뇌파 가운데 가장 느리고 진폭이 큰 '델타파'가 나타난다. 3단계와 4단계는 '델타파'의 비중에 따라 구별된다. 보통 델타파의 비중이 20 ~ 50%일 때는 3단계로, 50%를 넘어서 더 깊은 수면에 빠지는 상태가 되면 4단계로 본다. 때문에 4단계 수면은 '서파수면(Slow-wave-sleep)'으로도 알려져 있다. (㉣)

서파수면은 대뇌의 대사율과 혈류량이 각성 수준의 75%까지 감소되는 깊은 잠의 상태이고, REM수면은 잠에 빠져 있음에도 정신 활동이 이루어지는 상태이다. 때문에 서파수면 상태에 있는 사람을 깨우면 정신을 못 차리고 비틀거리며 혼란스러워 하고, REM수면 상태의 사람을 깨우면 금세 각성 상태로 돌아온다. (㉤)

자극에 반응을 하지 않을 정도의 비-REM수면은 온전한 휴식을 통해 진정한 심신의 회복을 가져다준다. 자면서도 정신 활동이 이루어지는 REM수면은 인간의 뇌의 활동이나 학습에도 도움을 준다. 비-REM수면이든 REM수면이든 문제가 생기면 인간의 활동은 영향을 받게 된다.

17 윗글의 주된 내용 전개 방식으로 적절한 것은?

① 현상의 과정을 단계별로 나누어 설명하고 있다.
② 현상에 대한 다양한 관점을 비교·분석하고 있다.
③ 현상에 대한 해결방안을 제시하고 있다.
④ 구체적인 사례를 통해 관련 현상을 설명하고 있다.
⑤ 새로운 시각으로 현상을 분석하는 이론을 소개하고 있다.

18 윗글을 이해한 내용으로 적절하지 않은 것은?

① 세타파만 측정되는 수면 상태라면 작은 소음에도 쉽게 깰 수 있을 것이다.
② 세타파 사이사이에 아래위로 삐죽하게 솟아오르는 뇌파는 분당 5번 정도 나타난다.
③ 델타파의 속도는 세타파보다 느리지만, 진폭은 세타파보다 크다.
④ 서파수면 상태의 사람과 REM수면 상태의 사람이 동시에 잠에서 깨 일어난다면 REM수면 상태의 사람이 더 빨리 움직일 것이다.
⑤ 피로가 누적된 사람에게는 REM수면보다 비-REM수면이 필요하다.

19 윗글의 ㉠ ~ ㉤ 중 〈보기〉의 문장이 들어갈 위치로 가장 적절한 곳은?

〈보기〉
이를 통해 이것은 잠자는 사람이 깨는 것을 방지해 주는 역할을 하여 깊은 수면을 유도함을 알 수 있다.

① ㉠　　　　　　　　　　　② ㉡
③ ㉢　　　　　　　　　　　④ ㉣
⑤ ㉤

20 다음 중 주어진 명제가 모두 참일 때 바르게 유추한 것은?

- 늦잠을 자지 않으면 부지런하다.
- 늦잠을 자면 건강하지 않다.
- 비타민을 챙겨먹으면 건강하다.

① 비타민을 챙겨먹으면 부지런하다.
② 부지런하면 비타민을 챙겨먹는다.
③ 늦잠을 자면 비타민을 챙겨먹는다.
④ 늦잠을 자면 부지런하지 않다.
⑤ 부지런하면 건강하다.

※ 다음은 피보나치 수열에 대한 기사이다. 이를 보고 이어지는 질문에 답하시오. [21~24]

피보나치 수열은 운명적으로 가장 아름답다는 황금비를 만들어낸다. 황금비는 피라미드, 파르테논 신전이나 다빈치, 미켈란젤로의 작품에서 시작해 오늘날에는 신용카드와 담뱃갑, 종이의 가로와 세로의 비율까지 광범위하게 쓰인다. 이러한 황금비는 태풍과 은하수의 형태, 초식동물의 뿔, 바다의 파도에도 있다. 배꼽을 기준으로 한 사람의 상체와 하체, 목을 기준으로 머리와 상체의 비율도 황금비이다. 이런 사례를 찾다 보면 우주가 피보나치 수열의 장난으로 만들어졌는지도 모른다는 생각까지 든다.

피보나치 수열은 12세기 말 이탈리아 천재 수학자 레오나르도 피보나치가 제안했다. 한 쌍의 토끼가 계속 새끼를 낳을 경우 몇 마리로 불어나는가를 숫자로 나타낸 것이 이 수열인 것이다. 이 수열은 앞서 나오는 두 개의 숫자의 합이다. 1, 1, 1+1=2, 1+2=3, 2+3=5, 3+5=8, 5+8=13, 8+13=21, 13+21=34, 21+34=55, 34+55 =89 … 이처럼 계속 규칙적인 수열을 만들어가는 것이다.

우리 주변의 꽃잎을 세어보면 거의 모든 꽃잎이 3장, 5장, 8장, 13장 … 으로 되어 있다. 백합과 붓꽃은 꽃잎이 3장, 채송화·패랭이·동백·야생장미는 5장, 모란·코스모스는 8장, 금불초와 금잔화는 13장이다. 과꽃과 치커리는 21장, 질경이와 데이지는 34장, 쑥부쟁이는 종류에 따라 55장과 89장이다. 신기하게도 모두 피보나치 숫자인 것이다.

이와 같은 피보나치 수열은 해바라기나 데이지 꽃 머리의 씨앗 배치에도 존재한다. 해바라기 씨앗이 촘촘히 박혀 있는 꽃 머리를 유심히 보면 최소의 공간에 최대의 씨앗을 배치하기 위한 '최적의 수학적 해법'으로 꽃이 피보나치 수열을 선택한다는 것을 알 수 있다. 씨앗은 꽃 머리에서 왼쪽과 오른쪽 두 개의 방향으로 엇갈리게 나선 모양으로 자리 잡는다. 데이지 꽃 머리에는 서로 다른 34개와 55개의 나선이 있고, 해바라기 꽃 머리에는 55개와 89개의 나선이 있다.

피보나치 수열은 식물의 잎차례에도 잘 나타나 있다. 잎차례는 줄기에서 잎이 나와 배열하는 방식으로 t/n로 표시한다. t번 회전하는 동안 잎이 n개 나오는 비율이 참나무·벚꽃·사과는 $\frac{2}{5}$이고, 포플러·장미·배·버드나무는 $\frac{3}{8}$, 갯버들과 아몬드는 $\frac{5}{13}$이다. 모두 피보나치 숫자로 전체 식물의 90%가 피보나치 수열의 잎차례를 따르고 있다.

이처럼 잎차례가 피보나치 수열을 따르는 것은 잎이 바로 위의 잎에 가리지 않고, 햇빛을 최대한 받을 수 있는 최적의 수학적 해법을 선택하기 때문이다.

예전에는 식물의 DNA가 피보나치 수열을 만들어낸다고 생각했다. 그러나 요즘에는 식물이 새로 자라면서 환경에 적응해 최적의 성장 방법을 찾아가는 과정에서 자연스럽게 피보나치 수열이 형성된다고 생각하는 학자들이 많아졌다. 최근 들어 생물뿐만 아니라 전하를 입힌 기름방울을 순서대로 떨어뜨려도 해바라기 씨앗처럼 퍼진다는 사실이 ㉠ 밝혀졌다. 이처럼 피보나치 수열과 이 수열이 만들어내는 황금비는 생물은 물론 자연과 우주 어디에나 숨어 있다.

21 다음 중 기사의 내용으로 적절하지 않은 것은?

① 꽃잎과 식물의 잎에서 피보나치 수열을 찾을 수 있으며, 이 수열은 피라미드, 신용카드 등에 나타나는 황금비를 만들어 낸다.

② 해바라기 꽃 머리를 보면 최소의 공간에 최대의 씨앗이 배치될 수 있도록 피보나치 수열을 선택했음을 알 수 있다.

③ 식물의 잎차례에도 피보나치 수열이 잘 나타나며, 모든 식물의 잎차례는 이 수열을 따르고 있다.

④ 식물의 잎차례는 햇빛을 최대한 받을 수 있도록 피보나치 수열을 따르고 있다.

⑤ 학자들은 식물이 환경에 적응하기 위해 최적의 성장 방법을 찾아가는 과정에서 이 수열이 형성된다고 생각한다.

22 다음 중 기사의 제목으로 가장 적절한 것은?

① 일상 생활 속에서 광범위하게 사용되는 황금비
② 피보나치 수열의 정의와 형성 원리
③ 피보나치 수열에 대한 학자들의 기존 입장과 새롭게 밝혀진 원리
④ 식물에서 찾아볼 수 있는 피보나치 수열
⑤ 잎차례가 피보나치 수열을 따르는 이유

23 다음 중 밑줄 친 부분이 ㉠과 다른 의미로 사용된 것은?

① 그동안 숨겨왔던 진실이 <u>밝혀졌다</u>.
② 철수는 돈과 지위를 <u>밝히기로</u> 유명하다.
③ 나의 결백함이 <u>밝혀질</u> 것으로 믿는다.
④ 오랜 연구의 결과로 옛 문헌의 가치가 <u>밝혀졌다</u>.
⑤ 경찰이 사고의 원인을 <u>밝히고</u> 있다.

24 기사에 제시된 규칙으로 수를 나열할 때, 빈칸에 들어갈 알맞은 수는?

1	2	3	5	8	(	)

① 12
② 13
③ 14
④ 15
⑤ 16

※ 다음은 보험료율과 정보의 비대칭성에 대한 글이다. 이를 보고 이어지는 질문에 답하시오. [25~28]

보험은 같은 위험을 보유한 다수인이 위험 공동체를 형성하여 보험료를 납부하고, 보험 사고가 발생하면 보험금을 지급받는 제도이다. 보험 상품을 구입한 사람은 장래의 우연한 사고로 인한 경제적 손실에 ⊙ 대비할 수 있다. 보험금 지급은 사고 발생이라는 우연적 조건에 따라 결정되는데, 이처럼 보험은 조건의 실현 여부에 따라 받을 수 있는 재화나 서비스가 달라지는 조건부 상품이다.

위험 공동체의 구성원이 납부하는 보험료와 지급받는 보험금은 그 위험 공동체의 사고 발생 확률을 근거로 산정된다. 특정 사고가 발생할 확률은 정확히 알 수 없지만 그동안 발생된 사고를 바탕으로 그 확률을 예측한다면, 관찰 대상이 많아짐에 따라 실제 사고 발생 확률에 ⓛ 근접하게 된다.

본래 보험 가입의 목적은 금전적 이득을 취하는 데 있는 것이 아니라 장래의 경제적 손실을 보상받는 데 있으므로 위험 공동체의 구성원은 자신이 속한 위험 공동체의 위험에 상응하는 보험료를 납부하는 것이 공정할 것이다. 따라서 공정한 보험에서는 구성원 각자가 납부하는 보험료와 그가 지급받을 보험금에 대한 기댓값이 일치해야 하며 구성원 전체의 보험료 총액과 보험금 총액이 일치해야 한다. 이때 보험금에 대한 기댓값은 사고가 발생할 확률에 사고 발생 시 수령할 보험금을 곱한 값이다.

보험금에 대한 보험료의 비율(보험료÷보험금)을 보험료율이라 하는데, 보험료율이 사고 발생 확률보다 높으면 구성원 전체의 보험료 총액이 보험금 총액보다 더 많고, 그 반대의 경우에는 구성원 전체의 보험료 총액이 보험금 총액보다 더 적게 된다. 따라서 공정한 보험에서는 보험료율과 사고 발생 확률이 같아야 한다. 물론 현실에서 보험사는 영업 활동에 소요되는 비용 등을 보험에 반영하기 때문에 공정한 보험이 적용되기 어렵지만 기본적으로 위와 같은 원리를 바탕으로 보험료와 보험금을 산정한다.

그런데 보험 가입자들이 자신이 가진 위험의 정도에 대해 진실한 정보를 알려 주지 않는 한, 보험사는 보험 가입자 개개인이 가진 위험의 정도를 정확히 파악하여 거기에 ⓒ 상응하는 보험료를 책정하기 어렵다. 이러한 이유로 사고 발생 확률이 비슷하다고 예상되는 사람들로 구성된 어떤 위험 공동체에 사고 발생 확률이 더 높은 사람들이 동일한 보험료를 납부하고 진입하게 되면, 그 위험 공동체의 사고 발생 빈도가 높아져 보험사가 지급하는 보험금의 총액이 증가한다. 보험사는 이를 ⓔ 보전하기 위해 구성원이 납부해야 할 보험료를 인상할 수밖에 없다. 결국 자신의 위험 정도에 상응하는 보험료보다 더 높은 보험료를 납부하는 사람이 생기게 되는 것이다.

이러한 문제는 정보의 비대칭성에서 비롯되는데 보험 가입자의 위험 정도에 대한 정보는 보험 가입자가 보험사보다 더 많이 갖고 있기 때문이다. 이를 해결하기 위해 보험사는 보험 가입자의 감춰진 특성을 파악할 수 있는 수단이 필요하다. 우리 상법에 규정되어 있는 고지 의무는 이러한 수단이 법적으로 구현된 제도이다. 보험 계약은 보험 가입자의 청약과 보험사의 승낙으로 성립된다. 보험 가입자는 반드시 계약을 체결하기 전에 '중요한 사항'을 알려야 하고, 이를 사실과 다르게 진술해서는 안 된다. 여기서 '중요한 사항'은 보험사가 보험 가입자의 청약에 대한 승낙을 결정하거나 차등적인 보험료를 책정하는 근거가 된다. 따라서 고지 의무는 결과적으로 다수의 사람들이 자신의 위험 정도에 상응하는 보험료보다 더 높은 보험료를 납부해야 하거나, 이를 이유로 아예 보험에 가입할 동기를 상실하게 되는 것을 ⓜ 방지한다.

25 다음 중 윗글의 내용으로 적절하지 않은 것은?

① 보험은 조건부 상품으로 제공되는 재화나 서비스가 달라질 수 있다.

② 현실에서 공정한 보험이 적용되기 어려운 이유는 보험사의 영업 활동 비용 등이 보험료에 반영되기 때문이다.

③ 사고 발생 확률이 보험료율보다 높으면 구성원 전체의 보험료 총액이 보험금 총액보다 더 많게 된다.

④ 보험 가입자는 보험사보다 보험 가입자의 위험 정도에 대한 정보를 많이 가지고 있다.

⑤ 보험 가입자의 중요한 사항에 대한 고지 의무는 법으로 규정되어 있다.

26 다음 중 밑줄 친 ⊙~⑩을 대체할 수 있는 단어로 적절하지 않은 것은?

① ⊙ : 대처
② ⓛ : 인접
③ ⓒ : 상당
④ ⓓ : 보존
⑤ ⑩ : 예방

27 L보험 직원인 태경이와 건희의 8월 실적 건수 합계는 27건이었다. 9월에 태경이와 건희의 실적 건수가 8월 대비 각각 20% 증가, 25% 감소하였고 9월의 실적 건수 합 또한 27건일 때, 태경이의 9월 실적 건수는?

① 11건
② 13건
③ 15건
④ 18건
⑤ 20건

28 L보험에서 신입사원 공고문을 발표했다. 서류 지원자 중 필기시험에 응시할 수 있는 인원은 면접을 볼 수 있는 인원의 4.5배수이고, 필기시험 통과자는 최종 합격자 인원의 2배수가 면접을 볼 수 있다. 면접시험에서 신입사원 250명이 최종 합격자가 될 때 서류 지원자는 최소 몇 명인가?(단, 서류 지원자는 필기시험에 응시할 수 있는 인원 이상이다)

① 2,550명
② 2,250명
③ 2,050명
④ 1,850명
⑤ 1,650명

※ 다음은 발화의 적절성 조건에 대한 글이다. 이를 보고 이어지는 질문에 답하시오. [29~32]

(가) 딸의 생일 선물을 깜빡 잊은 아빠가 "ⓐ 내일 우리 집보다 더 큰 곰 인형 사 올게."라고 말했을 때, 아빠가 발화한 문장은 상황에 적절한 발화인가 아닌가?

(나) 발화의 적절성 판단은 상황에 의존하고 있다. 화행(話行) 이론은 요청, 명령, 질문, 약속, 충고 등의 발화가 상황에 적절한지를 판단하는 기준으로 적절성 조건을 제공한다. 적절성 조건은 상황에 대한 배경적 정보와 관련되는 예비 조건, 그 행위에 대한 진실된 심리적 태도와 관련되는 진지성 조건, 그 행위가 본래의 취지대로 이행되도록 만드는 발화 효과와 관련되는 기본 조건으로 나뉜다. 어떤 발화가 적절한 것으로 판정되기 위해서는 이 세 가지 조건이 전부 충족되어야 한다.

(다) 적절성 조건을 요청의 경우에 적용해 보자. 청자가 그 행위를 할 능력이 있음을 화자가 믿는 것이 예비 조건, 청자가 그 행위를 하기를 화자가 원하는 것이 진지성 조건, 화자가 청자로 하여금 그 행위를 하게 하고자 하는 것이 기본 조건이다. "산타 할아버지를 만나게 해 주세요."라는 발화는, 산타클로스의 존재를 믿는 아들의 입장에서는 적절한 발화이지만 수행할 능력이 없는 부모의 입장에서는 예비 조건을 어긴 요청이 된다. "저 좀 미워해 주세요."라는 요청은, 화자가 진심으로 원하는 상황이라면 적절하지만 진심으로 원하지 않는 상황이라면 진지성 조건을 어긴 요청이 된다. "저 달 좀 따다 주세요."라는 요청은, 화자가 청자로 하여금 정말로 달을 따러 가게 하지 않을 것이므로 기본 조건을 어긴 요청이 된다.

(라) 둘 이상의 조건을 어긴 발화도 있다. 앞서 예로 들었던 "저 달 좀 따다 주세요."의 경우, 화자는 청자가 달을 따다 줄 능력이 없음을 알고 있고 달을 따다 주기를 진심으로 원하지도 않으며 또 달을 따러 가게 할 생각도 없는 것이 일반적인 상황이므로, 세 조건을 전부 어기고 있다. 그런데도 이 발화가 동서고금을 막론하고 빈번히 사용되고 또 용인되는 이유는 무엇일까? 화자는 이 발화가 세 조건을 전부 어기고 있음을 알고 있지만 오히려 이를 이용해서 모종의 목적을 이루고자 하고 청자 또한 그런 점을 이해하기 때문에, 이 발화는 적절하지는 않지만 유효한 의사소통의 방법으로 용인된다.

(마) 화행 이론은 적절성 조건을 이용하여 상황에 따라 달라지는 발화의 적절성에 대해 유용한 설명을 제공한다. 그러나 발화가 이루어지는 상황은 너무나 복잡다단하여 이것만으로 발화와 상황의 상호 관계를 다 설명할 수는 없다. 이러한 한계는 발화 상황과 연관 지어 언어를 이해하고 설명하려는 언어 이론의 공통적 한계이기도 하다.

29 다음 중 윗글로 미루어 알 수 있는 것은?

① 적절성 조건을 어긴 문장은 문법적으로도 잘못이다.
② 예비 조건은 다른 적절성 조건들보다 우선 적용된다.
③ 적절성 조건이 가장 잘 적용되는 발화 행위는 요청이다.
④ 하나의 발화도 상황에 따라 적절성 여부가 달라질 수 있다.
⑤ 적절성 조건을 어긴 발화는 그렇지 않은 발화보다 의사소통에 효과적이다.

30 다음 중 윗글의 서술 방식에 대한 설명으로 적절하지 않은 것은?

① (가) : 친숙한 예를 들어 독자의 관심을 끌어내고 있다.
② (나) : 이론적 토대를 제시하여 논의의 바탕으로 삼고 있다.
③ (다) : 구체적 사례를 통해 주요 개념의 이해를 돕고 있다.
④ (라) : 다른 사례를 들어 앞 단락의 내용을 뒷받침하고 있다.
⑤ (마) : 사실에 대한 객관적인 접근을 통해 올바른 정보를 제공하고자 한다.

31 〈보기 1〉은 ⓐ의 예비 조건이다. ⓐ에 대해 〈보기 2〉와 같은 차례로 반응을 보였다고 할 때, 예비 조건에 대한 태도가 다른 사람은?

〈보기 1〉

- 집보다 큰 곰 인형을 사 오는 것을 딸이 좋아할 것이라고 아빠가 믿는다.
- 집보다 큰 곰 인형을 사 올 수 있다고 아빠 스스로 믿는다.

〈보기 2〉

딸(6세) : (샐쭉거리며) 세상에 그렇게 큰 곰 인형이 어딨어?
아들(4세) : (볼멘소리로) 아빠, 나도 사 줘.
엄마 : (딸의 손을 잡으며) 그럼 아빠한테 예쁜 구두 사 달라고 할까?
할머니 : (온화한 표정으로 손녀를 바라보며) 그래, 구두가 좋겠다.

---

① 딸
② 아들
③ 엄마
④ 할머니
⑤ 모두 같음

32 아버지는 사과의 의미로 딸의 생일 파티를 열 계획이다. 10,000원짜리 피자와 7,000원짜리 치킨, 그리고 5,000원짜리 햄버거 여러 개를 주문하고자 하며, 주문한 피자와 치킨, 햄버거의 총개수는 10개이다. 음식마다 적어도 1개 이상을 주문해야 하고 피자는 치킨 개수의 2배를 주문할 때, 총금액이 가장 큰 경우와 가장 적은 경우의 차액은?

① 6,000원
② 8,000원
③ 12,000원
④ 24,000원
⑤ 36,000원

※ 다음은 L유통 사보에 실린 드론 배송 시스템에 대한 글이다. 이를 보고 이어지는 질문에 답하시오. [33~36]

드론은 무선전파로 ㉠ (조종 / 조정)할 수 있는 무인 항공기로, 처음에는 군사용으로 개발되었으나, 최근에는 다양한 용도로 사용되고 있다. 이러한 드론을 활용하여 섬이나 산간 오지 지역 주민들에게 물품을 배달하는 '드론 배송'이 공공부문에서 시험 운영될 예정이다.

드론 배송 시스템은 드론이 최종적으로 물품을 배송하는 배달점, 반경 10km 이내의 배달점 10 ~ 20곳을 묶은 거점, 거점 3 ~ 5곳을 관리하는 기지의 '배달점 – 거점 – 기지' 단위로 구축된다. 이 드론 배송 시스템은 정부와 지방자치 단체 등 공공기관에서 섬이나 산간 마을 등 택배 차량의 접근이 어려운 오지로 구호물품이나 공공서비스 관련 우편 물을 배달하는 데 쓰일 예정이다.

행정안전부는 드론이 정확한 배달점으로 이동할 수 있도록 도로명주소체계를 제공하고, 우정사업본부는 우편배송 서비스를 맡는다. 한국전자통신연구원은 드론 운영 기술을 지원하고, 한국국토정보공사는 드론 기지 운영에 필요한 전문 인력을 지원한다.

정부는 순차적으로 드론 배송 체계를 확대해 나갈 ㉡ (지침 / 방침)이다. 현재 충남에는 20곳, 전남에는 2곳의 배달 점이 있으며, 올해 안으로 각각 30곳씩 추가로 설치할 계획이다. 충남과 전남에서는 시험・시범 운영 단계를 거쳐 2024년부터 본격적인 드론 배송 운영을 시작하는 것이 목표이며, 전주도 내년에 시험 운영에 들어갈 예정이다. 또한 2025년까지 전국에 드론 배송 기지 10곳을 설치하고, 활용도가 높아지면 민간기업도 드론 배송 체계를 활용할 수 있게 개방할 계획이다.

지난 7월의 드론 택배 시연은 충남 당진 전략문화홍보관의 임시 드론 기지를 출발한 드론이 직선거리로 4km 떨어진 지점까지 날아가 마을 이장들에게 구급상자 등 물품을 전달하는 방식으로 이루어졌다. 이 구간을 선박으로 배송하면 선착장에서 배달지까지 이동하는 시간을 포함해 2시간가량 ㉢ (소모 / 소요)되지만, 이날 시연에서는 드론을 이용해 약 20분 만에 배송을 마쳤다.

33 다음 중 윗글을 읽고 제대로 이해하지 못한 사람은?

① A사원 : 처음 개발 목적과 다르게 드론의 사용 영역이 확대되고 있군.
② B사원 : 거점에서는 반경 10km 이내의 배달점 10 ~ 20곳을 묶어 관리하는구나.
③ C사원 : 추가로 설치될 배달점을 포함하면 올해 충남의 배달점은 총 30곳이나 돼.
④ D사원 : 드론 배송 시스템은 2024년부터 본격적으로 운영될 예정이라 하니 우리도 알아봐야겠어.
⑤ E사원 : 드론 배송 시스템을 통해 배송 시간의 단축을 기대할 수 있겠는걸.

34 다음 중 빈칸 ㉠ ~ ㉢에 들어갈 단어를 순서에 맞게 나열한 것은?

	㉠	㉡	㉢
①	조정	지침	소요
②	조정	방침	소요
③	조종	방침	소요
④	조종	방침	소모
⑤	조종	지침	소모

35 드론 배달 어플로 주문을 하면 꽃 배달 서비스를 이용할 수 있다. 〈조건〉을 보고 분홍색 장미꽃과 흰색 안개꽃을 받게 될 사람을 고르면?

〈조건〉
- 장미꽃은 빨간색과 분홍색으로 고를 수 있다.
- 목화꽃과 안개꽃은 빨간색과 흰색으로 고를 수 있다.
- 지영이는 민지가 주문한 꽃을 그대로 주문하였고, 장미꽃만 색이 같다.
- 민지는 장미꽃과 안개꽃을 주문하였다.
- 진아는 빨간색 장미꽃을 주문하였다.
- 진아와 윤지는 안개꽃을 주문하였다.
- 민지와 진아가 주문한 꽃 색깔은 모두 다르다.
- 윤지는 목화꽃을 주문하였다.
- 윤지는 모두 흰색 꽃을 주문하였다.

① 지영 ② 민지
③ 진아 ④ 윤지
⑤ 없음

36 드론이 목적지까지 갈 때의 속력은 80km/h, 돌아올 때의 속력은 120km/h이다. 1시간 이내로 출발지에서 목적지까지 왕복하려면 목적지는 출발지에서 최대 몇 km 떨어진 곳에 있어야 하는가?

① 44km ② 46km
③ 48km ④ 50km
⑤ 52km

※ 다음은 내일배움카드에 대한 설명이다. 이를 보고 이어지는 질문에 답하시오. [37~40]

〈내일배움카드제(구직자)〉

개요	구직자(신규실업자, 전직실업자)에게 일정한 금액을 지원하고, 그 한도 내에서 직업능력개발 훈련에 참여할 수 있도록 하며, 훈련이력 등을 개인별로 통합 관리하는 제도
대상	• 구직신청을 한 만 15세 이상의 실업자 • 국민기초생활보장법 제7조에 따른 급여의 일부 또는 전부를 받은 사람(시장·군수·구청장이 통지한 취업대상자, 자활급여수급자) • 여성가장(배우자가 없는 사람, 미혼여성 중 부모가 없거나 부양능력이 없는 사람 등) • 사업기간이 1년 이상이면서 연 매출액이 15,000만 원 미만인 개인사업자 또는 특수형태근로종사자 • 비진학 예정의 고교 3학년 재학생(소속학교장의 인정 필요) • 다음 연도 9월 1일 이전 졸업이 가능한 대학(교) 재학생 • 일용근로자로서 최근 2개월 동안의 일용 근로내역일수가 1개월 간 10일 미만 • 농·어업인으로서 농·어업 이외의 다른 직업에 취업하려는 사람과 그 가족 • 1개월 간 소정근로시간이 60시간 미만(주 15시간 미만 포함)인 근로자로서 고용보험 피보험자가 아닌 사람 • 군 전역예정인 중·장기복무자 • 결혼이민자와 이주청소년, 난민인정자 등
제출 서류	• [필수] 내일배움카드 발급 신청서 • [필수] 개인정보 수집 및 이용 동의서 • [선택] 훈련과정 탐색 결과표 • [선택] 재취업 활동 내역서(취업 목적용) • [선택] 자영업 활동 내역서(창업 목적용) • [선택] 신청자 의견서
발급 신청 단계	• 구직신청, 동영상교육 이수 → 계좌발급 신청, 사전심의제, 훈련상담(고용센터) → 훈련과정 탐색, 일자리정보 수집 → 계좌발급 결정(고용센터), 내일배움카드 수령 → 훈련수강 신청(훈련기관) → 훈련비·훈련장려금 지원(고용센터)

[1차 기초상담]
• 거주지 관할 고용센터 방문하여 1차 기초상담 실시
• 1차 기초상담은 신청대상여부 확인, 훈련참여에 필요한 지참서류 및 요건 등을 확인
• 기초상담을 받지 않고 본인이 필요한 서류를 지참하여 2차 상담을 곧바로 할 수 있으나, 요건 미비로 재방문할 수 있으므로 고용센터를 우선 방문하여 기초상담을 받는 것이 바람직함

[2차 심층 상담 시 필요한 지참서류 및 요건]
• 구직신청
  워크넷 개인회원 가입 후 이력서 작성 ▶ 구직신청 ▶ 구직인증(고용센터)
  직업심리검사(고용센터에서 요구한 경우) ▶ 결과출력
• 동영상 시청
  HRD-Net 개인회원 가입 후 '훈련안내 동영상' 시청 ▶ 시청확인증 출력
• 훈련과정 탐색
  HRD-Net 접속하여 내일배움카드제(실업자) 훈련과정을 검색 ▶ 훈련기관 방문 상담(비용, 과정내용, 시설 등 확인) ▶ 훈련과정탐색결과표 작성(선택사항)
• 구비서류
  신분증, 개인정보 수집이용 동의서, 내일배움카드 발급신청서, 동영상 시청 확인증(출력), 본인명의 통장(신한, 농협, 우리, 제일, 우체국 중 1개)

37 다음 중 내일배움카드제를 제대로 이해하지 못한 사람은?

① A : 지원 한도가 나와 있지 않아 최대 얼마까지 받을 수 있는지 확인할 수는 없군.

② B : 미성년자라도 내일배움카드제를 이용해서 지원 받을 수 있어.

③ C : 내일배움카드를 발급받아도 배우고자 하는 곳의 신청은 고용센터에 먼저 등록해야 하는군.

④ D : 대학에 진학하지 않을 고등학생 모두가 지원할 수 있는 건 아니군.

⑤ E : 내가 사당에 살고 있고 남양주로 일자리를 구하려고 할 때, 1차 상담은 사당 고용센터에서 받아야 하겠군.

38 실업자 김씨는 일자리를 알아보던 중 최근 정부일자리 지원 사업으로 내일배움카드제(구직자)가 있다는 사실을 알게 되었고, 그에 지원을 해보려고 한다. 김씨가 다음과 같이 지원신청을 진행한다고 할 때, 옳지 않은 것은?(단, 김씨는 취업을 목적으로 하고 있다)

① 김씨는 1차 기초상담을 받지 않는 채로 바로 2차 상담신청을 진행하였다.

② 김씨는 반드시 HRD-Net에 회원가입이 되어 있어야 한다.

③ 2차 상담 전에 김씨가 받아할 강좌(온라인 강좌 포함)는 1개이다.

④ 만약, 2차 상담이 진행되는 동안 직업심리검사를 받아야 한다고 한다면, 김씨가 2차 상담 후 제출해야할 필수 서류는 모두 6개이다.

⑤ 상담이 모두 끝난 후에 김씨가 제출한 서류 개수는 최대 8개이다.

39 김씨가 지원하고자 하는 L사의 작년 채용 인원수는 500명이었다. 올해 채용하고자 하는 남자 사원수는 작년보다 10% 감소하고, 여자 사원수는 40% 증가하였다. 전체 채용 인원수는 작년보다 8%가 늘어났을 때, 작년 남자 채용 인원수는?

① 280명   ② 300명

③ 315명   ④ 320명

⑤ 325명

40 L사에 지원하여 필기시험에 합격한 A ~ E 다섯 명이 지원한 계열사는 가 ~ 마 다섯 계열사 중 한 곳이며, 다섯 계열사는 서로 다른 곳에 위치하고 있다. 다섯 사람은 모두 필기시험에 합격해 면접을 보러 가는데, 이때 지하철, 버스, 택시 중 한 가지를 타고 가려고 한다. 다음 중 옳지 않은 것은?(단, 한 가지 교통수단은 최대 두 명까지 이용할 수 있으며, 한 사람도 이용하지 않은 교통수단은 없다)

- 택시를 타면 가, 나, 마 회사에 갈 수 있다.
- A는 다 회사를 지원했다.
- E는 어떤 교통수단을 선택해도 지원한 회사에 갈 수 있다.
- 지하철에는 D를 포함한 두 사람이 타며, 둘 중 한 사람은 라 회사에 지원했다.
- B가 탈 수 있는 교통수단은 지하철뿐이다.
- 버스와 택시로 갈 수 있는 회사는 가 회사를 제외하면 서로 겹치지 않는다.

① B와 D는 함께 지하철을 이용한다.
② C는 택시를 이용한다.
③ A는 버스를 이용한다.
④ E는 라 회사에 지원했다.
⑤ C는 나 또는 마 회사에 지원했다.

제2회
L-TAB 롯데그룹
직무적합진단

〈시험진행〉

개요	시간
• 실제 업무 상황처럼 구현된 아웃룩 메일함 / 자료실 환경에서 이메일 및 메신저 등으로 전달된 다수의 과제 수행 • 문항에 따라 객관식, 주관식, 자료 첨부 등 다양한 형태의 답변이 가능 • 문항 수 구분은 없으나 대략적으로 30 ~ 40문제 수준의 문항 수가 주어짐	3시간 (사전준비 1시간 포함)

제2회 직무적합진단

문항 수 : 40문항
시험시간 : 120분

※ 다음은 ○○기관의 신규과제 공고에 대한 자료이다. 이를 보고 이어지는 질문에 답하시오. **[1~4]**

〈2024년 지역 인프라 연계 의료기기 제품화 촉진지원 사업 신규과제 공고〉

'지역 인프라 연계 의료기기 제품화 촉진지원 사업'의 단위사업인 '현장수요기반 컨설팅' 과제발굴을 위해 붙임과
같이 공고하오니 동 사업에 참여하고자 하는 기업에서는 사업안내에 따라 신청하여 주시기 바랍니다.

• 세부사업
 1. 현장수요기반 컨설팅
   – 지원 대상 : 기존에는 다른 업종에 종사하였으나, 의료기기 및 의료기기로 업종 전환을 희망하는 기업
   – 지원 규모 : 총 10개 과제 1억 원 이내
   – 지원 목적 : 전문가 자문지원을 통해 제품의 상용화 및 시장진입 가능성 촉진
 2. 제품화 R&D 지원
   – 지원 대상 : 의료기기 제품화와 관련하여 전문 연구팀을 통한 R&D 수행 및 심화 컨설팅이 필요한 중소·
     벤처기업
   – 지원 규모 : 총 2개 과제 내외 2억 원 이내(과제당 1억 원 이내)
• 제출방법 : 붙임의 제출서류를 다운로드하여 작성 후, E-mail 제출
• 제출 E-mail
 – 현장수요기반 컨설팅 : njdjjs02@hotmail.com
 – 제품화 R&D 지원 : sjp@hotmail.com
• 제출서류 : 첨부파일 – 공고문 및 신청서 내부 확인
• 문의처 : 사업화지원팀
 – 현장수요기반 컨설팅 : 나주도 주임(042-860-××××)
 – 제품화 R&D 지원 : 신제품 주임(042-860-××××)

---

01 다음 중 자료에 대한 해석으로 적절하지 않은 것은?

① 컨설팅 신청 기관은 이미 개발된 의료기기를 보유하고 있어야 한다.
② 제품화 R&D 지원 사업의 경우 대기업은 지원 신청을 할 수 없다.
③ 과제당 지원 금액 규모는 컨설팅보다 제품화 R&D 지원 과제 부문이 더 크다.
④ 서류 제출을 위해 직접 방문 접수할 필요가 없다.
⑤ 컨설팅과 제품화 R&D 지원에 대한 문의는 각각 서로 다른 사람이 담당하고 있다.

02 다음 중 공고를 확인한 관련 업체 종사자가 서류 준비와 관련하여 문의처에 문의할 내용으로 가장 적절한 것은?

① 현장수요기반 컨설팅 사업의 경우 지원금 지원 방식은 어떻게 됩니까?

② 제품화 R&D 지원 사업 신청 기업에 대한 심사 기간은 얼마나 소요됩니까?

③ 신청 기간 내에 제출한 서류에 보완점이 발생하면 어떻게 됩니까?

④ 한 개 기업에서 복수 과제에 대한 지원을 받는 것이 가능합니까?

⑤ 신청 결과는 언제, 어디서 확인할 수 있습니까?

03 서류를 검토해본 결과, 다음 〈조건〉에 따라 5개의 기업 중 2개의 기업만 지원을 받을 수 있다. 다음 중 지원 대상으로 선정된 기업은?

〈조건〉

- 점수가 높은 기업 순으로 선정된다.
- A기업과 B기업은 같이 선정되거나 같이 탈락한다.
- C기업은 D기업보다 점수가 높다.
- C기업과 E기업의 점수가 같다.
- B기업과 D기업의 점수가 같다.

① A기업, B기업   ② A기업, C기업

③ C기업, D기업   ④ C기업, E기업

⑤ D기업, E기업

04 L사의 연구부서에 4명의 연구원 A ~ D가 있다. B, C연구원의 나이의 합은 A, D연구원 나이의 합보다 5살 적고, A연구원은 C보다는 2살 많으며, D연구원보다 5살 어리다. A연구원이 30세일 때, B연구원의 나이는?

① 28세   ② 30세

③ 32세   ④ 34세

⑤ 36세

※ 다음은 한국관광상품 개발 및 상품의 질적 제고를 위한 인바운드 우수 신상품 기획 공모전에 대한 자료이다. 이를 보고 이어지는 질문에 답하시오. **[5~8]**

---

1. **인바운드 상품개발 공모전 개최**
   - 사업명 : 인바운드 우수 신상품 개발 공모
   - 주최 : 문화체육관광부, 한국관광공사
   - 후원 : 한국관광협회중앙회, 한국일반여행업협회
   - 응모부문
     - 여행사 : 한국 상품 취급 해외 여행사(현지 에이전트) 우수 신상품 기획 개발 공모
     - 일반인 : 국내외 일반인 상품개발 아이디어 공모
   - 응모기간 : 2024.1.1 ~ 2023.3.31
   - 심사 및 시상 : 2023.4월 중 예정
   - 응모대상
     - 여행사 부문 : 해외 소재 한국관광상품 개발 및 판매 여행사
       → 1사 3개 이내 관광상품
     - 일반인 부문 : 한국관광에 관심 있는 내외국인
       → 1인 3개 이내 관광상품 아이디어
   - 응모방법 : 우편 또는 E-mail
     - 여행사 부문 : 관광공사 해외지사를 통해 접수
     - 일반인 부문 : 관광공사 해외지사 및 본사(상품개발팀)에 접수
   - 응모요령 : 관광 소재 특성, 관광 상품 매력, 주 타깃 지역 및 타깃층, 관광객 유치 가능성

2. **추진 목적 및 방향**
   - 외국인 관광객의 다양한 관광 니즈에 맞는 인바운드 신상품을 공모·육성함으로써, 신규 수요창출과 외국인 관광객 유치 증대
   - 우수 관광소재의 관광상품화를 적극 지원하여 한국 상품 취급 해외 여행사(현지 에이전트)의 신상품 개발 활성화 지원 도모
   - 지속가능하며 한국관광에 기여할 수 있는 상품 개발
   - 국내외 일반인 대상 관광상품 소재 개발 아이디어 공모전 개최를 통해 한국관광에 대한 관심과 화제 도출

3. **평가 기준 및 심사 내용**
   - 평가 기준 : 상품의 독창성, 상품개발의 체계성, 가격의 적정성, 지역관광 활성화 가능성, 상품 실현성 및 지속 가능성
   - 심사 관련 : 2회 심사
     - 1차 심사 : 2023.4월 중 (심사위원 : 관광공사)
     - 2차 심사 : 2023.4월 중 (심사위원 : 관광공사, 관광 학계, 언론인, 협회 등 관련 단체)
   - 홍보 계획
     - 한국 관광 상품 판매 대상 여행사 : 해외지사를 통한 홍보
     - 일반인 대상 홍보 웹사이트 홍보 : 문화부, 관광공사 홈페이지 활용
     - 기타 언론 및 인터넷 매체 홍보 추진

05 다음 중 공모전에 대한 내용으로 가장 적절한 것은?

① 한국관광협회중앙회, 한국일반여행업협회에서 주최하고 있다.
② 국내여행사도 참여가 가능하다.
③ 일반인은 한두 개의 관광상품 아이디어를 제출해도 된다.
④ 여행사 기획상품은 문화부, 관광공사 홈페이지를 통해 홍보된다.
⑤ 상품의 독창성, 상품개발의 체계성 등이 평가 기준이 되며, 상품 가격은 평가와 관련이 없다.

06 다음 중 공모전의 추진목적에 따른 상품기획 소재가 아닌 것은?

① 한류 드라마 및 영화 촬영장소
② DMZ 투어
③ 한스타일(한복, 한글, 한지 등) 연계 상품
④ 면세점 명품쇼핑 투어
⑤ 고궁 투어

07 공모전 수상자들을 대상, 최우수상, 우수상으로 분류하여 총 4,500만 원의 상금을 지급하려고 한다. 대상은 최우수상의 2배, 최우수상은 우수상보다 $\frac{3}{2}$ 배의 상금을 지급한다. 대상은 5명, 최우수상은 10명, 우수상은 15명이라면, 대상 한 명에게 지급될 금액은 얼마인가?

① 300만 원
② 400만 원
③ 450만 원
④ 500만 원
⑤ 550만 원

08 미국, 영국, 중국, 프랑스로 출장을 간 네 명의 여행사 직원인 A ~ D는 1년에 한 번, 한 명씩 새로운 국가로 파견된다. 다음 〈조건〉을 참고할 때, 반드시 참인 것은?

─〈조건〉─
- 두 번 연속 같은 국가에 파견될 수는 없다.
- A는 작년에 영국에 파견되어 있었다.
- C와 D는 이번에 프랑스에 파견되지는 않는다.
- D는 작년에 중국에 파견되어 있었다.
- C가 작년에 파견된 나라는 미국이다.
- B가 이번에 파견된 국가는 중국이다.

① A가 이번에 파견된 국가는 영국이다.
② C가 이번에 파견된 국가는 미국이다.
③ D가 이번에 파견된 국가는 프랑스이다.
④ B가 작년에 파견된 국가는 프랑스이다.
⑤ A는 영국, 또는 미국에 파견되었을 것이다.

※ 다음은 컴퓨터 점검 및 수리에 대한 자료이다. 이를 보고 이어지는 질문에 답하시오. **[9~12]**

- 수리 및 점검 비용

업체	1대당 점검 비용	1대당 수리 비용	1대당 점검 시간	1대당 수리 시간
가	40,000원	90,000원	30분	40분
나	60,000원	100,000원	20분	30분
다	50,000원	80,000원	25분	45분

- L사의 월별 수리 및 점검 내역 및 비용

기간	업체명	컴퓨터 수	비용
1월	가	15대	1,350,000원
2월	나	10대	1,000,000원
3월	다	25대	2,000,000원
4월	가	5대	200,000원
5월	나	30대	1,800,000원

09 L사는 1월부터 5월까지 달마다 사내 컴퓨터 수리 및 점검을 가 ~ 다 업체 중 한 곳에 맡겼다. 나중에 내역을 확인하고 보니 점검과 수리 중 기재를 잘못한 것이 있었다. 다음 중 기재가 잘못된 것은?(단, 모든 컴퓨터는 점검 또는 수리만 하였다)

① 1월 – 수리
② 2월 – 수리
③ 3월 – 점검
④ 4월 – 점검
⑤ 5월 – 점검

10 가 업체에서 일하는 A직원이 시간당 30,000원으로 급여계약을 체결하였다. 1월부터 6월 동안 A직원이 받은 금액은?

① 276,000원
② 284,000원
③ 335,000원
④ 375,000원
⑤ 420,000원

11 나 업체의 A사원은 이틀간 근무하고 하루 쉬기를 반복하고, 같은 업체에 다니는 B사원은 월 ~ 금요일 닷새간 근무하고 토 ~ 일요일 이틀간 쉬기를 반복한다. A사원이 7월에 근무한 날이 20일이라면, A사원과 B사원이 7월에 함께 근무한 일수는?(단, 7월 1일은 월요일이다)

① 15일

② 16일

③ 17일

④ 18일

⑤ 19일

12 L사에 근무하는 직원 네 명은 함께 5인승 택시를 타고 다 업체로 가고 있다. 다음 〈조건〉을 참고할 때, 항상 참인 것은?

〈조건〉
- 직원은 각각 부장, 과장, 대리, 사원의 직책을 갖고 있다.
- 직원은 각각 흰색, 검은색, 노란색, 연두색 신발을 신었다.
- 직원은 각각 기획팀, 연구팀, 디자인팀, 홍보팀 소속이다.
- 대리와 사원은 옆으로 붙어 앉지 않는다.
- 과장 옆에는 직원이 앉지 않는다.
- 부장은 홍보팀이고 검은색 신발을 신었다.
- 디자인팀 직원은 조수석에 앉았고 노란색 신발을 신었다.
- 사원은 기획팀 소속이다.

① 택시 운전기사 바로 뒤에는 사원이 앉는다.

② 부장은 조수석에 앉는다.

③ 과장은 노란색 신발을 신었다.

④ 부장 옆에는 과장이 앉는다.

⑤ 사원은 흰색 신발을 신었다.

〈희망부서 및 추천부서〉

구분	1지망	2지망	필기점수	면접점수	추천부서
A사원	개발부	사업부	70점	40점	홍보부
B사원	개발부	총무부	90점	80점	사업부
C사원	영업부	개발부	60점	70점	영업부
D사원	영업부	홍보부	100점	50점	개발부
E사원	홍보부	총무부	80점	90점	총무부
F사원	개발부	영업부	80점	100점	홍보부
G사원	영업부	사업부	50점	60점	사업부
H사원	총무부	사업부	60점	80점	영업부
I사원	홍보부	개발부	70점	70점	총무부
J사원	홍보부	영업부	90점	50점	총무부

※ 필기점수와 면접점수의 합이 높은 사람이 우선적으로 배정되며, 1지망, 2지망, 추천부서 순으로 진행됨
※ 동점자일 경우 면접점수가 높은 사원이 먼저 배정됨
※ 1지망을 우선 결정하고 남은 인원으로 2지망을 결정한 후, 남은 인원은 추천부서로 배정됨
※ 5개의 부서에 각각 2명씩 배정됨

13 다음 중 B사원이 배정되는 부서는?

① 개발부   ② 홍보부
③ 영업부   ④ 총무부
⑤ 사업부

14 다음 중 최종적으로 추천부서와 배정부서가 동일한 사원을 모두 고르면?

① A사원, D사원, I사원
② B사원, F사원, J사원
③ C사원, G사원, J사원
④ D사원, H사원, I사원
⑤ E사원, G사원, I사원

15 A~D사원은 입사 후 한국사능력검정시험을 보았다. A, C, D사원의 점수는 각각 85점, 69점, 77점이고 4명의 평균점수는 80점이라고 했을 때, B사원의 점수는?

① 86점
② 87점
③ 88점
④ 89점
⑤ 90점

16 다음은 L사의 등급별 인원비율 및 성과 상여금에 대한 표이다. 개발부의 인원은 15명이고, 영업부 인원은 11명일 때, 상여금에 대한 설명으로 옳지 않은 것은?(단, 인원은 소수점 첫째 자리에서 반올림한다)

〈등급별 인원비율 및 성과 상여금〉

구분	S	A	B	C
인원 비율(%)	15	30	40	15
상여금(만 원)	500	420	330	290

① 개발부의 S등급 상여금을 받는 인원과 영업부의 C등급 상여금을 받는 인원의 수가 같다.
② A등급 1인당 상여금은 B등급 1인당 상여금보다 약 27% 많다.
③ 영업부 A등급과 B등급의 인원은 개발부 인원보다 각각 2명씩 적다.
④ 개발부에 지급되는 총 상여금은 5,660만 원이다.
⑤ 영업부에 지급되는 총 상여금은 개발부 총 상여금보다 1,200만 원이 적다.

※ 다음은 국가기술자격통계연보에 대한 글이다. 이를 보고 이어지는 질문에 답하시오. [17~20]

국가기술자격증은 자격 취득을 위해 힘쓰는 과정에서 해당분야가 요구하는 지식을 체득하도록 할 뿐만 아니라, 합격 후에는 진로의 ㉠ 나침판이 되어 취업준비의 좌표를 설정해주기까지 한다. H공단은 이러한 국가기술자격시험의 역사와 현황을 빠짐없이 수록한 '국가기술자격통계연보'를 발간했다.

국가기술자격통계연보는 최초 시행연도인 1975년부터 2016년까지 시행된 종목별 국가기술자격과 관련된 역대 통계 정보를 담고 있으며, 대한상공회의소, 한국인터넷진흥원, 광해관리공단 등 8개 기관에서 시행하는 527개(2016년 기준) 종목과 자격취득자 현황을 종합하여 체계적으로 분석한 결과를 제시한다. 또한 검정형과 과정평가형으로 나누어 각 평가유형에 따른 국가기술자격 취득자 현황은 물론 연령별 취득자 현황, 등급별 접수 상위종목 등 우리나라 국가기술자격의 변화를 ㉡ 일목요연하게 확인할 수 있다. 국가자격의 지난 역사와 현주소를 동시에 보여주고, 이를 바탕으로 장차 국가자격시험의 미래를 ㉢ 가름하게 해주는 것이다.

이번 통계연보에서 나타난 의미 있는 변화 가운데, 2014년을 제외하고는 국가기술자격 취득자 수가 매년 증가하고 있다는 점이 가장 먼저 눈에 들어온다. 2012년 530,200명에서 2016년 670,178명으로 5년 동안 26.4%가 늘어난 것으로 10대 24.5%, 20대 40.9%, 30대 15.1%, 40대 12.1%, 50대 6.3%, 60대 이상 1.2%로 모든 연령대에서 증가하는 경향을 보였다. 특히 고용시장에 처음 진입하는 10대와 20대 취득자의 비율이 높은 것을 보아 취업준비에 자격증이 중요하게 작용하고 있음을 유추할 수 있다. 50 ~ 60대의 자격증 취득률이 2015년부터 10% 이상씩 증가하고 있다는 사실도 주목할 만하다. 55세 이상 취득자는 2012년 13,026명에서 2016년 25,489명으로 2배 가까이 늘어났다. 이는 은퇴 후 시니어들의 재취업이 활발하게 이루어지고 있는 사회 현상을 반영하는 것은 물론, 국가기술자격 취득이 인생 이모작의 ㉣ 스타트라인에 위치하고 있음을 증명해준다.

가장 많이 응시한 종목별 현황을 보면 기술사는 토목시공기술사, 기능장은 전기기능장, 기사·산업기사는 정보처리기사와 전기산업기사로 각각 나타났다. 전기, 토목·건축 종목의 경우 자격등급이 올라갈수록 접수 상위를 차지하고 있기도 하다. 이를 통해 이와 관련된 분야에 종사하는 근로자들이 능력 개발을 위해 지속적으로 노력하고 있다는 사실을 알 수 있다. 실제로 많은 기업들이 해당 직무 관련 자격증을 취득할 경우 인사고과에 반영하거나 성과급을 지급하는 등 자격 취득에 동기를 부여하고 있다.

통계연보가 일러주는 또 다른 시사점은 2015년부터 새롭게 도입한 과정평가형 자격의 취득자 수가 대폭 증가했다는 사실이다. '과정평가형 자격(Course Based Qualification)'이란 국가직무능력표준(NCS)에 따라 편성·운영되는 지정 교육·훈련과정을 충실히 이수하고, 내부·외부평가를 통해 합격기준을 충족하여 취득하는 국가기술자격을 뜻한다. 기존의 검정형 자격시험과 달리 별다른 응시자격이 요구되지 않고, '무엇을 알고 있는가?'가 아닌 '무엇을 할 수 있는가?'에 ㉤ 촛점을 두고 있다. 시행 첫해 7개 종목 51명에서 2016년 19개 종목 671명으로 크게 늘어났다.

17 다음 중 글의 내용으로 적절하지 않은 것은?

① 국가기술자격통계연보는 8개 기관에서 시행하는 527개 종목과 자격취득자 현황을 종합하여 체계적으로 분석한 결과를 제시한다.

② 국가기술자격 취득자 수는 2012년부터 2016년 5년 동안 매년 증가하고 있으며, 모든 연령대에서 증가하는 경향을 보인다.

③ 은퇴 후 시니어들의 재취업이 활발하게 이루어짐에 따라 2016년 55세 이상 취득자 수가 2012년에 비해 2배 가까이 늘어났다.

④ 기업의 직무 관련 자격증 취득 시 지급되는 성과급 제도는 근로자들의 자격 취득에 동기를 부여한다.

⑤ 별다른 응시자격을 요구하지 않고, '무엇을 할 수 있는가?'를 평가하는 과정평가형 자격은 2015년도에 새롭게 도입되었다.

18 L사의 D주임은 시니어 사업 진출을 위해 시장조사 중이다. 해당 글을 약간 수정하여 소속된 팀에 공유하고 자 한다. 다음 중 밑줄 친 ㉠~㉤의 수정방안으로 적절하지 않은 것은?

① ㉠ : '나침판'은 표준어가 아니므로 '나침반'으로 수정한다.

② ㉡ : 비슷한 의미를 가진 '분명하게'로 바꾸어 쓸 수 있다.

③ ㉢ : 문맥상 적절한 단어인 '가늠하게'로 수정한다.

④ ㉣ : '출발선'으로 순화하여 불필요한 외래어 사용을 줄인다.

⑤ ㉤ : 한글맞춤법에 따라 '초점'으로 수정한다.

19 올해 시행한 어느 자격증 시험에서 80점 이상을 얻어야 합격을 한다고 한다. 이 시험에 응시한 30명 중 합격자는 10명이고 합격한 사람의 평균 점수는 불합격한 사람의 평균 점수의 2배보다 33점이 낮다. 불합격한 사람의 평균 점수는 응시자 전체의 평균 점수보다 9점이 낮을 때, 응시자 전체의 평균 점수는?

① 60점

② 63점

③ 66점

④ 69점

⑤ 72점

20 철수, 수연, 영희, 윤수는 건축기사 자격증 시험에 응시했다. 주어진 명제가 모두 참일 때 다음 중 네 명의 시험 점수에 대하여 바르게 유추한 것은?

> • 철수의 점수는 영희보다 낮고, 수연이보다 높다.
> • 영희의 점수는 90점이고, 수연이의 점수는 85점이다.
> • 수연이와 윤수의 점수는 같다.

① 철수의 점수는 윤수보다 낮다.

② 철수의 점수는 90점 이상이다.

③ 철수의 점수는 85점 이하이다.

④ 철수의 점수는 86점 이상 89점 이하이다.

⑤ 영희의 점수는 수연이보다 낮다.

※ 민대리는 세미나 참석을 위해 회사 동료 5명과 함께 경주에 출장을 가게 되었다. 다음 자료를 보고 이어지는 질문에 답하시오. **[21~24]**

〈출장 일정〉

출장지	일정	도착시각	출발시각
경주	9.10 ~ 9.12	10일 오전 10:20	12일 오전 11:15

※ 경주공항에 도착 후 수하물을 찾는 데 20분이 소요되며, 서울로 출발 시 수속을 위해 2시간 전에 도착해야 함

〈렌터카 회사별 요금표〉

(단위 : 원)

구분	종류	기본요금	추가 요금		
			3시간 미만	3시간 이상 6시간 미만	6시간 이상 12시간 미만
A렌터카	휘발유	50,000	27,000	32,000	38,000
B렌터카	휘발유	55,000	30,000	35,000	40,000
C렌터카	LPG	60,000	29,000	35,000	41,000
D렌터카	전기	70,000	25,000	30,000	35,000
E렌터카	전기	66,000	25,000	30,000	36,000

※ 경주공항에서 A, B, D렌터카 회사까지의 이동 시간은 10분, C, E렌터카 회사까지는 20분임
※ 기본 요금은 24시간 동안 적용되며, 그 이후에 추가 요금이 부과됨

〈연료비〉

휘발유	LPG	전기
1,240원/L	800원/L	300원/kWh

21 민대리와 회사 동료들은 전기차 두 대를 빌리기로 하였다. 다음 정보를 참고하여 출장지에서 차를 렌트할 때, 가장 저렴한 비용은?(단, 비용은 대여비와 충전 연료비의 합이다)

〈정보〉

· 같은 렌터카 회사에서 두 대를 렌트한다.
· 렌터카 회사에 도착시각을 기준으로 대여시간이 계산된다.
· 전기(연료) 충전시간은 약 40분 ~ 50분으로 대여시간 1시간은 제외한다.
· 반납 시 20kWh를 충전시키고 반납한다.
· 출장 이튿날 오후 7시에 반납한다.

① 208,000원
② 210,000원
③ 216,000원
④ 218,000원
⑤ 222,000원

22 민대리가 출장기간 동안 200km를 이동한다고 할 때, 다음 연비를 참고하여 연료비가 가장 비싼 렌터카는? (단, 필요한 연료량은 소수점 첫째 자리에서 반올림한다)

〈렌터카 회사별 자동차 연비〉

구분	연비
A렌터카	13km/L
B렌터카	12km/L
C렌터카	10km/L
D렌터카	6.5km/kWh
E렌터카	6km/kWh

① A렌터카   ② B렌터카
③ C렌터카   ④ D렌터카
⑤ E렌터카

23 민대리와 함께 출장에 간 영업팀 A ~ E 다섯 명의 사원은 L호텔에 투숙하게 되었다. L호텔은 5층 건물이며 A ~ E사원이 서로 다른 층에 묵는다고 할 때, 다음에 근거하여 바르게 추론한 것은?

- A사원은 2층에 묵는다.
- B사원은 A사원보다 높은 층에 묵지만, C사원보다는 낮은 층에 묵는다.
- D사원은 C사원 바로 아래층에 묵는다.

① E사원은 1층에 묵는다.
② B사원은 4층에 묵는다.
③ E사원은 가장 높은 층에 묵는다.
④ C사원은 D사원보다 높은 층에 묵지만, E사원보다는 낮은 층에 묵는다.
⑤ 가장 높은 층에 묵는 사람은 알 수 없다.

24 세미나에는 서울, 대전, 대구, 부산, 광주 5개 지역의 대표자가 참석한다. 5개 지역에서 각각 5명, 5명, 5명, 4명, 2명의 대표자가 방문하였고, 이들을 6석, 5석, 5석, 3석, 3석의 테이블 5개에 나누어 앉게 하려 한다. 같은 지역에서 온 대표자들을 각기 다른 테이블에 앉게 하려면 최대 몇 명의 대표자들을 앉게 할 수 있는가?

① 17명   ② 18명
③ 19명   ④ 20명
⑤ 21명

※ 다음은 L사 입사시험 성적 결과표와 직원 배치 규정에 대한 자료이다. 이를 보고 이어지는 질문에 답하시오.
[25~28]

〈입사시험 성적 결과표〉

(단위 : 점)

구분	A대학졸업유무	서류점수	필기시험 점수	면접시험 점수		영어시험 점수
				개인	그룹	
이선빈	유	84	86	35	34	78
유미란	유	78	88	32	38	80
김지은	유	72	92	31	40	77
최은빈	무	80	82	40	39	78
이유리	유	92	80	38	35	76

〈직원 배치 규정〉

• 위 응시자 중 규정에 따라 최종 3명을 채용한다.
• A대학졸업자 중 (서류점수)+(필기시험 점수)+(개인 면접시험 점수)의 합이 높은 2명을 B부서에 배치한다.
• 수신계 배치 후 나머지 응시자 3명 중 그룹 면접시험 점수와 영어시험 점수의 합이 가장 높은 1명을 C부서에 배치한다.

25 다음 중 직원 배치 규정에 따라 응시자 최종 배치 후 불합격자 2명으로 바르게 짝지어진 것은?

① 이선빈, 김지은 ② 이선빈, 최은빈
③ 김지은, 최은빈 ④ 유미란, 이유리
⑤ 김지은, 이유리

26 직원 배치 규정을 다음과 같이 변경한다고 할 때, 불합격자 2명으로 바르게 짝지어진 것은?

〈직원 배치 규정(변경 후)〉

• 응시자 중 다음 환산점수의 상위 3명을 채용한다.
• 서류점수(50%)+필기시험 점수+면접시험 점수(개인과 그룹 중 높은 점수)

① 이선빈, 유미란 ② 이선빈, 최은빈
③ 이선빈, 이유리 ④ 유미란, 최은빈
⑤ 최은빈, 이유리

27 올해 B부서원 25명의 평균 나이가 38세이다. 다음 달에 52세의 팀원이 퇴사하고 27세의 신입사원이 입사할 예정일 때, 내년 B부서원 25명의 평균 나이는?(단, 주어진 조건 외에 다른 인사이동은 없다)

① 34세

② 35세

③ 36세

④ 37세

⑤ 38세

28 C부서의 민사원과 안사원이 함께 보고 자료를 만들고 있다. 민사원은 30장의 보고 자료를 만드는 데 2시간, 안사원은 50장을 만드는 데 3시간이 걸린다. 이 둘이 함께 일을 하면 평소보다 10% 느리게 자료를 만들게 된다. 이들이 함께 맡은 새로운 업무를 차장에게 보고하기 위한 자료 120장을 만드는 데 걸리는 최소 시간은?

① $\dfrac{79}{18}$ 시간

② $\dfrac{80}{19}$ 시간

③ $\dfrac{81}{20}$ 시간

④ $\dfrac{82}{21}$ 시간

⑤ $\dfrac{83}{22}$ 시간

※ 다음은 패시브 하우스와 액티브 하우스에 대한 자료이다. 이어지는 질문에 답하시오. [29~32]

<h3 style="text-align:center">〈패시브 하우스(Passive House)〉</h3>

수동적(Passive)인 집이라는 뜻으로, 능동적으로 에너지를 끌어 쓰는 액티브 하우스에 ㉠ 포함되는 개념이다. 액티브 하우스는 태양열 흡수 장치 등을 이용하여 외부로부터 에너지를 끌어 쓰는 데 비하여 패시브 하우스는 집안의 열이 밖으로 새나가지 않도록 최대한 ㉡ 차단함으로서 화석연료를 사용하지 않고도 실내온도를 따뜻하게 유지한다. 구체적으로는 냉방 및 난방을 위한 최대 부하가 $1m^2$당 10W 이하인 에너지 절약형 건축물을 가리킨다. 이를 석유로 환산하면 연간 냉방 및 난방 에너지 사용량이 $1m^2$ 1.5ℓ 이하에 해당하는데, 한국 주택의 평균 사용량은 16ℓ이므로 80% 이상의 에너지를 절약하는 셈이고 그만큼 탄소배출량을 줄일 수 있다는 의미이기도 하다.

기본적으로 남향(南向)으로 지어 남쪽에 크고 작은 창을 많이 내는데, 실내의 열을 보존하기 위하여 3중 유리창을 설치하고, 단열재도 일반 주택에서 사용하는 두께의 3배인 30cm 이상을 설치하는 등 첨단 단열공법으로 시공한다. 단열재는 난방 에너지 사용을 줄이는 것이 주목적이지만, 여름에는 외부의 열을 차단하는 구실도 한다.

또 폐열회수형 환기장치를 이용하여 신선한 바깥 공기를 내부 공기와 교차시켜 온도차를 ㉢ 최소화한 뒤 환기함으로써 열손실을 막는다. 이렇게 함으로써 난방시설을 사용하지 않고도 한겨울에 실내온도를 약 20℃로 유지하고, 한여름에 냉방시설을 사용하지 않고도 약 26℃를 유지할 수 있다. 건축비는 단열공사로 인하여 일반 주택보다 $1m^2$당 50만 원 정도 더 소요된다.

<h3 style="text-align:center">〈액티브 하우스(Active House)〉</h3>

태양에너지를 비롯한 각종 에너지를 차단하는 데 목적을 둔 패시브 하우스와 반대로 자연 에너지를 적극적으로 활용한다. 주로 태양열을 적극적으로 활용하기 때문에 액티브 솔라하우스로 불리며 지붕에 태양전지나 반사경을 설치하고 축열조를 설계하여 태양열과 지열을 ㉣ 배출한 후 난방이나 온수시스템에 활용한다. 에너지를 자급자족하는 형태이며 화석연료처럼 사용 후 환경오염을 일으키지 않아 패시브 하우스처럼 친환경적인 건축물로서 의의가 있으며, 최근에는 태양열뿐 아니라 풍력・바이오매스 등 신재생에너지를 활용한 액티브 하우스가 ㉤ 계발되고 있다.

29 다음 중 패시브 하우스 건축 형식에 대한 내용으로 적절하지 않은 것은?

① 폐열회수형 환기장치를 이용해 설치한다.

② 일반 주택에 사용하는 두께의 3배인 단열재를 설치한다.

③ 기본적으로 남향으로 짓는다.

④ 냉방 및 난방을 위한 최대 부하가 $1m^2$당 10W 이하인 에너지 절약형 건축물이다.

⑤ 실내의 열을 보존하는 것이 중요하므로 창문의 개수를 최소화한다.

30 다음 중 자료를 정리한 내용으로 적절하지 않은 것은?

패시브(Passive) 기술	액티브(Active) 기술

• 남향, 남동향 배치, 단열성능 강화
   – 고성능 단열재 벽재, 지붕, 바닥 단열
   – 블록형 단열재, 열반사 단열재, 진공 단열재, 흡음 단열재, 고무발포 단열재 등
   – 고기밀성 단열창호
   – 로이유리
   – 단열현관문
   – 열차단 필름
 • 외부차양(처마, 전동블라인드)
 • LED · 고효율 조명
 • 옥상녹화(단열＋친환경)
 • 자연채광, 자연환기
 • 패시브(Passive) 기술의 예
   – 고성능 단열재, 고기밀성 단열창호, 열차단 필름, LED 조명
	• 기존의 화석연료를 변환하여 이용하거나 햇빛, 물, 지열, 강수, 생물유기체 등을 포함하여 재생 가능한 에너지를 변환하여 이용하는 에너지
	   – 재생 에너지 : 태양광, 태양열, 바이오, 풍력, 수력, 해양, 폐기물, 지열
	   – 신 에너지 : 연료전지, 석탄액화가스화 및 중질잔사유가스화, 수소에너지
	 • 2030년까지 총 에너지의 11%를 신재생에너지로 보급
	 • 액티브(Active) 기술의 예
	   – 태양광 발전, 태양열 급탕, 지열 냉난방, 수소연료전지, 풍력발전시스템, 목재 팰릿보일러

① 패시브 기술을 사용할 때 남향, 남동향으로 배치하는 것은 일조량 때문이다.
② 패시브 기술의 핵심은 단열이다.
③ 태양열 급탕은 액티브 기술의 대표적인 예 중 하나다.
④ 액티브 기술은 화석연료를 제외하고 재생 가능한 에너지를 변환하여 이용한다.
⑤ 액티브 기술은 2030년까지 총 에너지의 11%를 신재생에너지로 보급하는 것이 목표이다.

31 귀하는 의미를 분명하게 전달하고자 자료를 수정하고자 한다. 다음 중 밑줄 친 ㉠ ~ ㉤의 수정 방안으로 적절하지 않은 것은?

① ㉠ : '대응하는'으로 수정한다.
② ㉡ : '차단함으로써'로 수정한다.
③ ㉢ : '최대화한'으로 수정한다.
④ ㉣ : '흡수한'으로 수정한다.
⑤ ㉤ : '개발되고'로 수정한다.

32 L사는 패시브 하우스 건축 자재인 A, B부품을 생산하고 있다. 각 부품에 대한 불량률이 다음과 같을 때, 한 달간 생산되는 A, B부품의 불량품 개수 차는?

〈부품별 한 달 생산 개수 및 불량률〉

구분	A부품	B부품
생산 개수	3,000개	4,100개
불량률	25%	15%

① 120개
② 125개
③ 130개
④ 135개
⑤ 140개

(가) 경주 일대는 지반이 불안정한 양산단층에 속하는 지역으로서, 언제라도 지진이 일어날 수 있는 활성단층이다. 따라서 옛날에도 큰 지진이 일어났다는 기록이 있다. 삼국사기에 의하면 통일신라 때 지진으로 인해 100여 명의 사망자가 발생했으며, 전문가들은 그 지진이 진도 8.0 이상의 강진이었던 것으로 추정한다. 그 후로도 여러 차례의 강진이 경주를 덮쳤다. 그럼에도 불구하고 김대성이 창건한 불국사와 석굴암 그리고 첨성대 등은 그 모습을 오늘날까지 보존하고 있다. 과연 이 건축물들에 적용된 내진설계의 비밀은 무엇일까. 그 비밀은 바로 그랭이법과 동틀돌이라는 전통 건축 방식에 숨어 있다.

(나) 그리고 주춧돌의 모양대로 그랭이칼을 빙글 돌리면 기둥의 밑면에 자연석의 울퉁불퉁한 요철이 그대로 그려진다. 그 후 도구를 이용해 기둥에 그어진 선의 모양대로 다듬어서 자연석 위에 세우면 자연석과 기둥의 요철 부분이 마치 톱니바퀴처럼 정확히 맞물리게 된다. 여기에 석재가 흔들리지 않도록 못처럼 규칙적으로 설치하는 돌인 동틀돌을 추가해 건물을 더욱 안전하게 지지하도록 만들었다. 다시 말하면, 그랭이법은 기둥에 홈을 내고 주춧돌에 단단히 박아서 고정하는 서양의 건축 양식과 달리 자연석 위에 기둥이 자연스럽게 올려져 있는 형태인 셈이다. 불국사에서는 백운교 좌우의 큰 바위로 쌓은 부분에서 그랭이법을 확실히 확인할 수 있다. 천연 바위를 그대로 둔 채 장대석과 접합시켜 수평을 이루도록 한 것이다.

(다) 그랭이법이란 자연석을 그대로 활용해 땅의 흔들림을 흡수하는 놀라운 기술이다. 즉 기둥이나 석축 아래에 울퉁불퉁한 자연석을 먼저 쌓은 다음, 그 위에 올리는 기둥이나 돌의 아랫부분을 자연석 윗면의 굴곡과 같은 모양으로 맞추어 마치 톱니바퀴처럼 맞물리게 하는 기법이다. 이 같은 작업을 그랭이질이라고도 하는데 그랭이질을 하기 위해서는 오늘날의 컴퍼스처럼 생긴 그랭이칼이 필요하다. 주로 대나무를 사용해 만든 그랭이칼은 끝의 두 가닥을 벌릴 수 있는데, 주춧돌 역할을 하는 자연석에 한쪽을 밀착시킨 후 두 가닥 중 다른 쪽에 먹물을 묻혀 기둥이나 석축 부분에 닿도록 한다.

(라) 지난 9월 12일 경주를 강타한 지진은 1978년 기상청이 계기로 관측을 시작한 이후 한반도 역대 최대인 규모 5.8이었다. 당시 전국 대부분의 지역뿐만 아니라 일본, 중국 등에서도 진동을 감지할 정도였다. 이로 인해 경주 및 그 일대 지역의 건물들은 벽이 갈라지고 유리가 깨지는 등의 피해를 입었다. 하지만 이 지역에 집중돼 있는 신라시대의 문화재들은 극히 일부만 훼손됐다. 첨성대의 경우 윗부분이 수 cm 이동했고, 불국사 다보탑은 일제가 시멘트로 보수한 부분이 떨어졌으며 나머지 피해도 주로 지붕 및 담장의 기와 탈락, 벽체 균열 등에 불과했다.

33 다음 중 제시된 문단을 논리적 순서대로 바르게 나열한 것은?

① (라) – (다) – (나) – (가)
② (라) – (나) – (가) – (다)
③ (라) – (가) – (다) – (나)
④ (다) – (가) – (나) – (라)
⑤ (다) – (나) – (라) – (가)

34 자료가 어떤 질문에 대한 답이라면 그 질문으로 가장 적절한 것은?

① 경주에 지진이 발생하는 원인은 무엇일까?
② 경주 문화재는 왜 지진에 강할까?
③ 우리나라 전통 건축 기법은 무엇일까?
④ 지진과 내진설계의 관계는?
⑤ 현재와 과거에 발생한 경주 지진 발생의 차이점은?

35 다음 중 (다)에서 밑줄 친 두 단어의 관계와 유사한 것은?

① 이공보공(以空補空) – 바늘 끝에 알을 올려놓지 못한다.
② 수즉다욕(壽則多辱) – 보기 싫은 반찬이 끼마다 오른다.
③ 함포고복(含哺鼓腹) – 한 가랑이에 두 다리 넣는다.
④ 망양보뢰(亡羊補牢) – 소 잃고 외양간 고친다.
⑤ 가인박명(佳人薄命) – 날 받아 놓은 색시 같다.

36 L사는 백화점을 확장하기 위해 그랭이법을 활용하여 공사하고 있다. 공사를 완료한 기둥의 개수가 다음과 같은 규칙을 보일 때, 9일 후 작업이 끝난 기둥의 개수는?

〈공사 완료한 기둥의 개수〉

(단위 : 개)

기간	1일 후	2일 후	3일 후	4일 후	5일 후
기둥 개수	4	7	10	13	16

※ 전일까지 작업 완료한 기둥을 포함한 개수임

① 24개
② 26개
③ 28개
④ 30개
⑤ 32개

광고 권하는 사회
우리 사는 세상은 거대한 광고판

광고는 세상에 널리 알림 또는 그런 일을 뜻한다. 상품이나 서비스 정보를 소비자에게 널리 알리는 의도적인 활동이다. 미국마케팅협회는 1963년 '광고란 누구인지를 확인할 수 있는 광고주가 하는 일체의 유료 형태에 의한 아이디어, 상품 또는 서비스의 비대개인적(非對個人的) 정보 제공 또는 판촉 활동이다.'라고 정의한 바 있다.

(가) 정의한 바와 같이 광고는 비용을 내고 알리는 행위다. 광고주가 비용을 지급하므로 효과를 얻으려고 하는 것은 당연하다. 이때 정직하게 알리는 경우도 있지만 허위 과장 요소도 스며든다. 상품을 잘 팔기 위해 상품의 기능을 부풀리기도 하는데, 이런 경우가 과장 광고다. 사실에 해당하지 않는 자료나 정보를 사용하는 광고는 허위 광고다. 이처럼 광고는 허위 과장 가능성이 있어 소비자는 광고 보는 눈을 키워야 한다. 허위 과장 광고에 속으면 ⊙ 피해가 발생한다.

(나) 시민의 발로 불리는 지하철의 광고 또한 많은 것을 ⓒ 엄폐한다. 초창기에는 지하철 전동차 내부에 인쇄물 광고가 슬금슬금 붙더니 차차 차량 외벽은 물론 출입문 유리에도 광고로 도배되기 시작했다. 지하철 승강장 게이트 회전 바에도 광고가 빙글빙글 돌아간다. 전동차 내부의 광고 종류도 다양하다. 인쇄물 광고는 물론이고 전동차 안팎의 안내 모니터에도 광고가 쉴 새 없이 상영돼 지하철은 거대한 광고판으로 바뀐 지 오래다. 눈을 돌리면 광고 ⓒ 천치인, 우리가 사는 이 세상은 이미 거대한 광고판이다.

(다) 예전에는 프로그램과 광고가 ⓔ 통합돼 프로그램 시작 전이나 끝난 뒤에 광고가 나왔다. 요즘 인기 TV 프로그램의 상당수는 '이 프로그램은 간접 광고 및 가상 광고를 포함하고 있습니다.'라는 안내 문구가 따라붙는다. PPL 광고(Product Placement, 특정 기업의 협찬을 대가로 영화나 드라마에서 해당 기업의 상품이나 브랜드 이미지를 끼워 넣는 광고기법)의 등장으로 프로그램인지 광고인지 분간하지 못할 정도다. 광고가 프로그램을 좌지우지할 정도로 영향력이 큰 경우도 있다.

(라) 즉, 현대 자본주의 시대에는 광고가 세상을 ⓜ 좇는다. 소비자는 광고 보는 눈을 높여야 광고에 유혹되지 않는다. 수억 원대는 보통인 모델의 몸값은 결국 소비자가 낸다. 모델의 몸값은 그 제품을 사는 소비자가 십시일반(十匙一飯)으로 내는 것이다. 광고는 광고일 뿐, 광고가 품질을 보장하는 것은 아니다. 광고에 돈을 쏟아 붓는 기업보다는 제품의 본질에 투자하는 기업을 선택하는 것이 소비자의 권리이자 책임 중 하나다.

37 다음 중 제시된 문단을 논리적 순서대로 바르게 나열한 것은?

① (가) - (나) - (다) - (라)
② (가) - (다) - (나) - (라)
③ (가) - (다) - (라) - (나)
④ (나) - (가) - (다) - (라)
⑤ (다) - (가) - (나) - (라)

38 다음 중 허위·과장 광고 사례로 적절하지 않은 것은?

① 홍보하는 용량과 달리 실제 내용물은 홍보 용량보다 더 적었던 음료판매점

② 그래픽만으로 사진 성형을 하여 홍보물을 제작한 성형외과

③ 협회가 인증한 범위보다 더 넓은 범위에 인증 표시를 사용한 의료기기 제작회사

④ 중학생 때 다니다가 학원을 끊은 학생이 들어간 대학교를 현수막에 걸어놓은 학원

⑤ 해당 연예인이 사용한 제품이 아니지만 연예인을 모델로 해 홍보한 다이어트 보조제회사

39 귀하는 의미를 분명하게 전달하고자 위의 자료를 수정하고자 한다. 다음 중 밑줄 친 ㉠ ~ ㉤의 수정 방안으로 적절하지 않은 것은?

① ㉠ : '가해가'로 수정한다.

② ㉡ : '시사한다'로 수정한다.

③ ㉢ : '천지인'으로 수정한다.

④ ㉣ : '분리돼'로 수정한다.

⑤ ㉤ : '지배한다'로 수정한다.

40 다음은 2012 ~ 2022년 매체별 광고비 현황에 대한 그래프이다. 이를 변형한 그래프로 적절한 것은?(단, 단위는 백만 원이다)

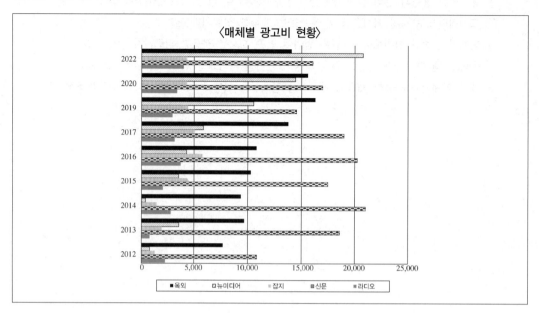

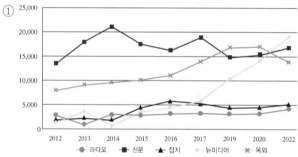

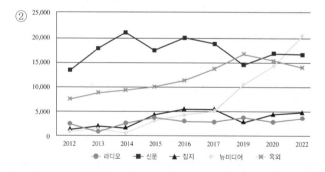

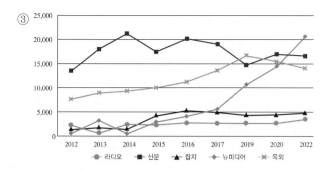

③

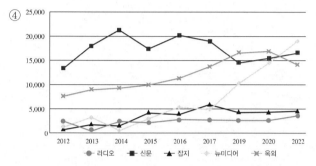

④

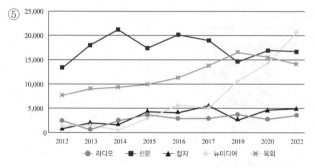

⑤

제3회
L-TAB 롯데그룹
직무적합진단

〈시험진행〉

개요	시간
• 실제 업무 상황처럼 구현된 아웃룩 메일함 / 자료실 환경에서 이메일 및 메신저 등으로 전달된 다수의 과제 수행 • 문항에 따라 객관식, 주관식, 자료 첨부 등 다양한 형태의 답변이 가능 • 문항 수 구분은 없으나 대략적으로 30 ~ 40문제 수준의 문항 수가 주어짐	3시간 (사전준비 1시간 포함)

제3회 직무적합진단

※ 다음은 L교육기관의 사회통합프로그램을 소개하는 글이다. 글을 읽고 이어지는 질문에 답하시오. **[1~4]**

〈사회통합프로그램 소개〉

Ⅰ. 과정 및 이수시간(2022년 4월 현재)

구분	0단계	1단계	2단계	3단계	4단계	5단계
과정	한국어와 한국문화					한국사회의 이해
	기초	초급 1	초급 2	중급 1	중급 2	
이수시간	15시간	100시간	100시간	100시간	100시간	50시간
사전평가	구술 3점 미만 (필기점수 무관)	총점 3 ~ 20점	총점 21 ~ 40점	총점 41 ~ 60점	총점 61 ~ 80점	총점 81 ~ 100점

Ⅱ. 사전평가
1. 평가 대상 : 사회통합프로그램 참여 신청자는 모두 응시해야 함
2. 평가 내용 : 한국어능력 등 기본소양 정도
3. 평가 장소 : 관할 출입국에서 지정하는 별도 장소
4. 평가 방법 : 필기시험 및 구술시험(총 50문항, 100점)
　　가. 필기시험(45문항, 90점)
　　　　− 문항 수는 총 45문항으로 객관식(43), 단답형 주관식(2)
　　　　− 시험시간은 총 50분
　　　　− 답안지는 OMR카드를 사용함
　　나. 구술시험(5문항, 10점)
　　　　− 문항 수는 총 5문항으로 읽기, 이해하기, 대화하기, 듣고 말하기 등으로 구성
　　　　− 시험시간은 총 10분
　　※ 사전평가일로부터 6개월 이내에 교육에 참여하지 않은 경우 해당 평가는 무효가 되며, 다시 사전 평가에 응시하여 단계배정을 다시 받아야만 교육 참여가능 → 이 경우에는 재시험 기회가 추가로 부여되지 않음(평가 결과에 불만이 있더라도 재시험을 신청할 수 없음)
　　※ 사회통합프로그램의 '0단계(한국어와 한국문화 기초)'부터 참여하기를 희망하는 경우에 한해 사전평가를 면제받을 수 있음. 사전평가를 면제받고자 할 경우에는 사회통합프로그램 참여신청 화면의 '사전평가 응시여부'에 '아니요'를 체크해야 함

III. 참여 시 참고사항

1. 참여 도중 출산, 치료, 가사 등 불가피한 사유로 30일 이상 계속 참여가 불가능할 경우 참여자는 사유발생일로부터 15일 이내에 사회통합정보망(마이페이지)을 통해 이수정지 신청을 해야 함 → 이 경우 사유 종료 후 과거 이수사항 및 이수시간이 계속 승계되어 해당 과정에 참여할 수 있으며, 이수정지 후 2년 이상 재등록하지 않을 경우 직권제적 대상이 되므로, 계속 참여 의사가 있는 경우에는 2년 이내에 재등록해야 함
2. 참여 도중 30일 이상 무단으로 결석할 경우 제적 조치하고, 이 경우에는 해당단계에서 이미 이수한 사항은 모두 무효 처리함

01 다음 〈보기〉 중 2022년 4월에 같은 강의를 듣는 사람끼리 올바르게 짝지은 것은?

─〈보기〉─

㉠ 사전평가에서 구술 10점, 필기 30점을 받은 A씨
㉡ 사전평가에서 구술 2점, 필기 40점을 받은 B씨
㉢ 1년 전 초급 1 과정을 30시간 들은 후 이수정지 신청을 한 후 재등록한 C씨
㉣ 사전평가에 응시하지 않겠다고 의사를 표시한 후 참여를 신청한 D씨

① ㉠, ㉡   ② ㉠, ㉢
③ ㉡, ㉢   ④ ㉡, ㉣
⑤ ㉢, ㉣

02 A사원은 온라인 상담게시판에 올라와 있는 한 고객의 상담문의를 읽었다. 문의내용에 따라 고객이 다음 단계에 이수해야 할 과정과 이수시간을 올바르게 나열한 것은?

고객 상담 게시판	
[1:1 상담요청] 제목 : 이수과목 관련 문의드립니다.	2022-04-01
안녕하세요. 2020년 10월에 한국어와 한국문화 초급 2 과정을 수료한 후, 중급 1 과정 30시간을 듣다가 출산 때문에 이수정지 신청을 했습니다. 다음 달부터 다시 프로그램에 참여하고자 하는데, 어떤 과정을 몇 시간 더 들어야 하나요? 답변 부탁드립니다.	

	과정	이수시간
①	기초	15시간
②	초급 2	70시간
③	초급 2	100시간
④	중급 1	70시간
⑤	중급 1	100시간

03 3일 동안 교육에 참여해야 하는데 버스를 타고 갈 확률이 $\frac{1}{3}$, 걸어갈 확률이 $\frac{2}{3}$이다. 3일 중 첫 날은 버스를 타고, 남은 2일은 순서에 상관없이 버스 한 번, 걸어서 한 번 갈 확률은?

① $\frac{1}{27}$ ② $\frac{2}{27}$

③ $\frac{3}{27}$ ④ $\frac{4}{27}$

⑤ $\frac{5}{27}$

04 다음 중 사회통합프로그램 소개 글을 잘못 이해한 교육생은?

① A : 필기시험에서 답안지는 OMR 카드를 사용하는구나.
② B : 구술시험에서는 문항 수는 총 5문항으로 읽기, 이해하기, 대화하기, 듣고 말하기 등으로 구성되어 있어.
③ C : 사회통합프로그램의 '0단계'부터 참여하기를 희망하는 경우에 한해 사전평가를 면제받을 수 있네.
④ D : 사전평가를 면제받고자 할 경우에는 사회통합프로그램 참여 신청 화면의 '필기시험 응시여부'에 '아니 요'를 체크해야해.
⑤ E : 사전평가의 평가 장소는 아직 공지되지 않았어.

※ 귀하는 L업체의 서비스 상담직원으로 근무하고 있으며, 다음의 A/S 규정에 기반하여 당사의 제품을 구매한 고객들의 문의를 응대하는 업무를 맡고 있다. 다음 L업체의 A/S 규정을 참고하여 이어지는 질문에 답하시오. **[5~8]**

〈A/S 규정〉

■ 제품 보증기간

- 제품의 보증기간은 제품 구매일을 기준으로 하며, 구매일을 증명할 수 있는 자료(구매영수증, 제품보증서 등)가 없을 경우에는 제품 생산일을 기준으로 산정한다.
- 단, 보증기간(1년 이내) 중 소비자 취급주의, 부적절한 설치, 자가 수리 또는 개조로 인한 고장 발생 및 천재지변(화재 및 수해 낙뢰 등)으로 인한 손상 또는 파손된 경우에는 보증기간 기준을 제외한다.

■ A/S 처리기준

- 제품보증기간 1년 이내 무상A/S를 실시한다.
- 초기불량 및 파손의 경우를 제외한 사용 이후의 불량은 각 제품의 제조사 또는 판매자가 처리함을 원칙으로 한다.
- 당사는 제품의 미개봉 판매를 원칙으로 하며, 모든 사후처리는 당사의 A/S 규정과 원칙에 준한다.

■ 교환·환불 배송 정책

- A/S에 관련된 운송비는 제품 초기불량일 경우에만 당사에서 부담한다.
- 당사의 교환 및 환불 정책은 수령한 날짜로부터 7일 이내 상품이 초기불량 및 파손일 경우에 한하며, 그 외의 경우에는 복구비용을 소비자가 부담하여야 한다.
- 당사에서 판매한 제품의 환불은 소비자법 시행령 제12조에 준한 사후처리를 원칙으로 한다.
- 제품의 온전한 상태를 기준으로 하며, 수령 후 제품을 사용하였을 경우에는 환불이 불가능하다.
- 단순변심으로는 미개봉 상태에서 3일 이내에 환불신청을 해야 한다.

■ 서비스 처리 비용

구성	수리조치 사항		고객부담금(원)	비고
DVR 녹화기 관련	모델별 펌웨어 업그레이드 설치		20,000	회당
	하드 디스크 초기화 및 기능 점검		10,000	회당
	이전 설치로 인한 네트워크 관련 작업		20,000	–
	PC장착 카드형 DVR CD-Key		10,000	개당
	DVR 메인보드 파손		수리 시 50,000 교체 시 100,000	–
CCTV 카메라 관련	각종 카메라 이전 설치		건물 내 30,000 건물 외 50,000	–
	각종 카메라 추가 설치		건물 내 10,000 건물 외 20,000	제품 구매비 별도
	영상관련 불량	1) 기본 27만 화소 모듈	15,000	개당
		2) 27만 화소 IR 모듈	20,000	개당
		3) 41만 화소 IR 모듈	30,000	개당
	각종 카메라 전면 유리 파손 교체		3,000	개당
	카메라 전원·영상 배선 교체		8,000	–
	소비자 과실로 인한 내부 파손		수리 시 50,000 교체 시 100,000	–

05 다음은 당사의 제품을 구매한 고객이 문의한 사항이다. 다음 중 귀하의 답변으로 적절하지 않은 것은?

> 고객 : 안녕하세요? 3일 전에 CCTV 제품을 구매해 설치하였습니다. 항상 켜두는 제품이라 고장이 쉽게 날 수 있을 것 같은데, A/S 규정이 어떻게 되는지 안내해주실 수 있나요?
>
> 귀하 : 안녕하세요? 고객님. 저희 업체의 제품을 이용해 주셔서 감사합니다.
> 문의하신 A/S 규정에 대해서 간략하게 안내드리겠습니다.

① 보증기간 1년 이내에 발생하는 고장에 대해서는 무상으로 수리를 해드리고 있으나, 고객님의 취급주의나 부적절한 설치, 자가 수리 또는 개조로 인하여 고장이 발생하였을 경우에는 무상A/S를 받으실 수 없습니다.

② 당사는 제품을 미개봉한 상태에서 판매하는 것을 원칙으로 하고 있습니다. 온전한 제품을 수령한 후 사용하였을 때에는 환불이 불가합니다.

③ 다만, 제품을 수령한 날로부터 7일 이내에 초기불량 및 파손이 있을 경우에는 당사에서 교환 또는 환불해드리고 있으니 언제든지 연락주시길 바랍니다.

④ 수령한 날짜로부터 7일 이내 상품이 초기불량 및 파손일 경우 외의 문제가 발생하면, 운송비를 제외한 복구 시 발행되는 모든 비용에 대해 고객님께서 부담하셔야 합니다.

⑤ 단순변심으로는 미개봉 상태에서 3일 이내에 환불신청을 해야 한다.

06 다음 문의를 읽고 귀하가 고객에게 안내하여야 할 수리비용은 얼마인가?

> 고객 : 안녕하세요? 재작년에 L사 DVR녹화기를 구매했었는데요. 사용 중에 문제가 생겨 연락드렸습니다. 며칠 전에 CCTV와 DVR을 다른 장소로 옮겨 설치했는데 네트워크 설정이 필요하다고 뜨면서 제대로 작동하지 않네요. 혹시 제가 제품을 구매한 후로 펌웨어 업그레이드를 한 번도 안했었는데, 그것 때문일까요? 어찌 되었던 저에게 방문하는 수리기사에게 업그레이드뿐만 아니라 하드 디스크도 함께 점검해 달라고 요청해주세요. 그럼 수리비용은 얼마나 나올까요?

① 60,000원 ② 50,000원

③ 40,000원 ④ 30,000원

⑤ 20,000원

07 다음은 수리기사가 보내온 A/S 점검 결과 내용이다. 이를 토대로 고객에게 청구하여야 할 비용은 얼마인가?

<A/S 점검표>

점검일자 : 2022년 5월 27일(월)

대상제품		MD-RO439 model CCTV 카메라 1대
제품위치		건물 내부
점검항목		점검내용
외부	전면 헤드	전면 유리 파손 교체
	후면 고정대	이상 무
	본체	이상 무
내부	메인보드	이상 무, 클리너 사용(비용 ×)
	전원부	전원 배선 교체
	출력부	41만 화소 IR 교체
기타사항		로비 CCTV 1대 추가 설치(제품비 80,000원)

① 101,000원 ② 111,000원
③ 121,000원 ④ 131,000원
⑤ 141,000원

08 고객이 1년 내에 무상A/S를 신청했다. A/S센터에서 1.5km 떨어진 고객에게 가는데 15분 안에 도착해야 한다. 처음에는 분속 40m로 걷다가 지각하지 않기 위해 남은 거리는 분속 160m로 달렸다면 걸어간 거리는 몇 m인가?

① 280m ② 290m
③ 300m ④ 310m
⑤ 320m

〈5월 달력〉

일	월	화	수	목	금	토
			1	2	3	4
5	6	7	8	9	10	11
12	13	14	15	16	17	18
19	20	21	22	23	24	25
26	27	28	29	30	31	

※ 일주일의 시작은 일요일이며, 첫째 주는 5일부터이다.

〈문서별 정리 일정〉

- A문서 : 매주 수, 목에 정리를 한다.
- B문서 : E문서를 정리한 주를 제외하고, 토요일에 정리한다.
- C문서 : A 또는 E문서를 정리하는 날에 같이 정리하며, 매달 3번씩 정리한다.
- D문서 : B문서를 정리하고 이틀 후에 문서를 정리하여 같이 보관한다.
- E문서 : 매달 9일과 20일에 정리하여 보관한다.
- F문서 : 매주 화요일에 정리한다.

09 A ~ F문서 중 5월에 가장 빈번하게 정리한 문서는 무엇인가?

① A문서
② C문서
③ D문서
④ E문서
⑤ F문서

10 5월 중 3종류 이상 문서를 정리 하지 않은 주는 몇 째주인가?

    ① 첫째 주   ② 둘째 주

    ③ 셋째 주   ④ 넷째 주

    ⑤ 알 수 없다.

11 C문서를 14일 전까지 끝내면서, F문서를 정리하는 주에는 두 번 정리한다고 할 때, 5월 중 문서정리 횟수가 가장 많은 주에 속하는 날짜는 언제인가?

    ① 5월 5일   ② 5월 13일

    ③ 5월 18일   ④ 5월 22일

    ⑤ 5월 26일

12 A ~ F문서 중 5월에 문서정리 주기가 같은 문서끼리 짝지은 것은?

    ① A, E   ② A, F

    ③ B, D   ④ B, C

    ⑤ D, F

※ K회사는 가정용 인터넷·통신 시장에서 점유율 1위를 차지하고 있고, L회사는 후발주자로 점유율 2위를 차지하고 있다. L회사는 K회사를 견제하며 자사의 시장점유율을 높이고자 가격할인 정책을 실시하고자 한다. 다음 자료는 가격할인이 상품판매량에 미치는 영향을 정리한 표이다. 이어지는 질문에 답하시오. **[13~16]**

<가격할인 단위별 판매체계>

구분		K회사			
	할인율	0%	10%	20%	30%
L회사	0%	(4, 5)	(3, 8)	(3, 12)	(2, 18)
	10%	(8, 4)	(5, 7)	(5, 8)	(4, 14)
	20%	(10, 3)	(8, 6)	(7, 9)	(6, 12)
	30%	(12, 2)	(10, 5)	(9, 7)	(8, 10)

※ 괄호 안의 숫자는 각 회사의 할인정책에 따른 월 상품판매량(단위 : 백 개)을 의미한다. (L회사 상품판매량, K회사 상품판매량)
※ 두 기업에서 판매하는 상품은 동급으로 상품당 판매가는 500,000원이다.

13 두 회사가 동일한 가격할인 정책을 실시한다고 가정했을 때, L회사가 K회사와의 매출액 차이를 최소화할 수 있는 할인율은 얼마이고, 월 매출액 차이는 얼마인가?

① 10% 할인, 8천만 원
② 20% 할인, 8천만 원
③ 20% 할인, 7천만 원
④ 30% 할인, 7천만 원
⑤ 30% 할인, 6천만 원

14 L회사에서는 20% 가격할인에 대해 검토하고 있다. 이에 대해 K회사에서 어떻게 대응할지 정확하게 알 수 없지만 다음과 같은 확률로 가격을 할인하여 대응할 것으로 예측되었다. L회사가 기대할 수 있는 월 매출액은 얼마로 예상할 수 있는가?

<20% 할인 시 경쟁사 대응 예측 결과>

K회사 할인율	0%	10%	20%	30%
확률	20%	40%	30%	10%

① 30.2천만 원
② 30.8천만 원
③ 31.0천만 원
④ 31.6천만 원
⑤ 32.4천만 원

15 L회사는 시장조사 및 경쟁사 분석을 통해 K회사가 상품가격을 10% 할인한다는 정보를 획득하였다. 가장 많은 매출을 달성할 수 있는 구간이 30% 할인인 것을 위 표를 통해 알고 있지만 실질적인 이익, 즉 순이익이 가장 높은 구간인지에 대한 수익분석이 필요하였다. 상품을 유지하는 데 있어 다음과 같은 비용이 발생한다고 할 때, L회사가 가장 많은 순수익(월)을 달성할 수 있는 할인율은 얼마인가?

> ■ 상품 유지 시 소요되는 비용
> • 고정비 : 50,000,000원
> • 변동비 : 200,000원(개당)

① 0% ② 10%

③ 20% ④ 30%

⑤ 할인율 별로 차이가 없음

16 자사의 시장점유율을 높이고자 가격할인 정책에 관련한 사내 워크숍을 진행하려고 한다. 준비를 위해 직원 A ~ E직원의 참석 여부를 조사하고 있다. 다음 정보를 참고하여 C가 워크숍에 참석한다고 할 때, 다음 중 워크숍에 참석하는 직원을 바르게 추론한 것은?

> 〈정보〉
> • B가 워크숍에 참석하면 E는 참석하지 않는다.
> • D는 B와 E가 워크숍에 참석하지 않을 때 참석한다.
> • A가 워크숍에 참석하면 B 또는 D 중 한 명이 함께 참석한다.
> • C가 워크숍에 참석하면 D는 참석하지 않는다.
> • C가 워크숍에 참석하면 A도 참석한다.

① A, B, C ② A, C, D

③ A, C, D, E ④ A, B, C, D

⑤ A, B, C, E

※ 다음은 L회사의 창립기념일 기념행사 공고에 관한 자료이다. 자료를 참고하여 문제에 답하시오. [17~20]

〈창립기념일 기념행사 공고〉

▶ 일시 : 20××년 7월 22일(금) ~ 23일(토)
▶ 장소 : 대부도 내 기관 연수원
▶ 세부 일정

1일 차		2일 차	
~ 12:00	연수원 집결	08:00 ~ 10:00	아침식사
12:00 ~ 14:00	점심식사	10:00 ~ 12:00	팀워크 향상 도미노 게임
14:00 ~ 14:15	개회식 (진행 : 김지우 대리, 이다인 대리)	12:00 ~ 13:30	폐회식 및 점심식사(기념품 지급)
14:15 ~ 14:45	대표님 말씀	13:30 ~	귀가
14:45 ~ 15:00	기념영상 상영		
15:00 ~ 15:10	휴식		
15:10 ~ 16:00	시상식 (장기근속자, 우수 동호회, 우수팀, 우수 사원)		–
16:00 ~ 16:10	휴식		
16:10 ~ 18:00	팀 장기자랑 및 시상 (1등, 2등, 3등, 인기상)		
18:00 ~	연회 및 팀별 자유 시간		

▶ 차량운행
• 회사 → 대부도 연수원
• 대부도 연수원 → 회사

---

17 다음 중 비용 지출 항목의 성격이 다른 것은?

① 차량운행에 필요한 차량 대여료 및 기사님 섭외비
② 도미노 게임 진행을 맡아 줄 전문 진행자 행사비
③ 각종 시상 상품과 기념품 구입을 위한 구입비
④ 창립기념일 기념영상 제작 업체 섭외비
⑤ 식사를 챙겨줄 출장뷔페 및 조리사 섭외비

18 아래의 예산 항목과 지출 근거 중 가장 불필요한 내역은?

	예산 항목	지출 근거
①	인쇄비	기념품 내 기관 로고 삽입
②	답사비	대부도 연수원 위치, 시설 및 주변 답사
③	다과비	복도 비치용 다과 구입, 팀별 자유 시간용 다과 구입
④	식대	연회용 출장 뷔페 섭외
⑤	섭외비	게임 진행자, 기사님, 업체, 조리사 섭외

19 상기 행사 공고가 나간 후 약 40%의 직원들이 앞당기거나 미룰 수 없는 외부 미팅으로 인해 점심시간 내 도착이 어렵다는 이야기를 해왔다. 다음 중 예산절약을 위해 행사 담당자가 취해야 하는 행동으로 적절하지 않은 것은?

① 외부 일정으로 인해 정해진 시간 내에 도착하지 못하는 인원을 파악한다.

② 예정되어 있던 점심식사 관련 내역의 수정 여부를 확인한다.

③ 예정되어 있던 인원에 따라 점심식사를 신청한다.

④ 상황에 따라 일정을 조정할지, 예정대로 진행할지 의사결정을 한다.

⑤ 자칫 예산낭비가 될 수 있기 때문에 강행하지 않고 의견을 모아 차선책을 생각한다.

20 대부도 연수원은 회사에서 128km 떨어진 거리에 있다. 버스를 타고 중간에 있는 휴게소까지는 시속 40km 로 이동하였고, 휴게소부터 대부도 연수원까지는 시속 60km로 이동하여 총 3시간 만에 도착하였다면, 회사 에서 휴게소까지의 거리는 얼마인가?(단, 휴게소에서 머문 시간은 포함하지 않는다)

① 24km ② 48km

③ 72km ④ 104km

⑤ 110km

〈A지점 BIZ 영업팀 업무분장〉

구분	내선번호	업무분장
김부장	1211	• 담당 지역 내 금융·보험·부동산·임대·교육 관련 중소기업·소기업 대상 상품 컨설팅 및 고객 관리 • 판매대금 및 수금 관리 • 판매대장 정리
강과장	1212	• 담당 지역 내 과학·기술·스포츠·보건·사회복지 관련 중소기업·소기업 대상 상품 컨설팅 및 고객 관리 • 외상 매출금의 청구·회수 • 팀 내 제반 비용(법인카드 사용) 등 영수증 정리
김대리	1213	• 담당 지역 내 인쇄·의약품 제조·출판·영상·방송통신 관련 중소기업·소기업 대상 상품 컨설팅 및 고객 관리 • 경쟁사 동향 파악 및 정리 • 신입사원 교육 일정관리
최대리	1214	• 담당 지역 내 전자부품·컴퓨터·건설 관련 중소기업·소기업 대상 상품 컨설팅 및 고객 관리 • 불량 반품 및 고객 불만 처리 • 각종 공문서 작성 및 발송
남주임	1215	• 담당 지역 내 식료품 제조 관련 중소기업·소기업 대상 상품 컨설팅 및 고객 관리 • 회의실·행사장 등 대관 관련
박주임	1216	• 담당 지역 내 의류 제조 관련 중소기업·소기업 대상 상품 컨설팅 및 고객 관리 • 팀 내 비품 주문 및 관리

〈A지점 BIZ 영업팀의 2022년 3월 2주 일정〉

날짜	일정
3월 5일(월)	• 김부장 : X에듀 상품 컨설팅 방문(오전) • 강과장 : E복지 사후관리 방문(오전) • 김대리 : 3월 1주 경쟁사 동향 파악 및 정리 • 최대리 : P전자 사후관리 관련 방문(오후) • 남주임 : △△음료 사후관리 방문(오후) • 박주임 : Z의류 상품 컨설팅 방문(오전)
3월 6일(화)	• 김부장 : B생명보험 S지사 사후관리 방문(오후) • 강과장 : Y스포츠 사후관리 방문(오후) • 김대리 : L제약 상품 컨설팅 방문(오후) • 최대리 : 지난주 고객 불만처리 사항 통계 작성 후 본사 제출(e-메일) • 남주임 : ★★식품 상품 컨설팅 방문(오후) • 박주임 : J의류 사후관리 방문(오후)
3월 7일(수)	• 김부장 : 본사 교육 • 강과장 : 지난달 외상매출금 정리·청구·회수 요청 • 김대리 : S출판사 그룹웨어 상품 계약 방문(오후) • 최대리 : I전자 상품 컨설팅 방문(오전) • 남주임 : Y제과 회사 에너지 효율 상품 계약 방문(오후) • 박주임 : 팀 내 비품 주문 신청

3월 8일(목)	• 김부장 : 본사 교육 • 강과장 : W테크 그룹웨어 상품 계약 방문(오후) • 김대리 : G케이블방송 사후관리 방문(오전) • 최대리 : H컴퓨터 상품 컨설팅 방문(오후) • 남주임 : R식품 사후관리 방문(오후) • 박주임 : D의류 상품 컨설팅 방문(오전)
3월 9일(금)	• 김부장 : 주간 판매대금 및 수금 관리 • 강과장 : C화학 상품 컨설팅 방문(오후) • 김대리 : 시장조사(오전) • 최대리 : ㅁㅁ인쇄 사후관리 방문(오전) • 남주임 : 시장조사(오후) • 박주임 : 시장조사(오후)

• A지점 BIZ 영업팀의 근무 시간 : 오전 9:00 ~ 오후 6:00
• 이외 시간은 컨설팅 및 사후관리에 필요한 업무와 팀 내 업무를 수행한다.

〈본사 교육팀 장대리의 업무 협조 메일〉

발신 : L사 본사 교육팀 장대리(발신 시간 : 2022.03.06 AM 08:30)
수신 : L사 A지점 BIZ 영업팀 이대리(수신 시간 : 2022.03.06 AM 09:20)

제목 : 신입사원 실무교육 협조 요청
　　안녕하십니까. 저는 본사 교육팀 장대리입니다.
　　다름이 아니라 이번 신입사원들의 BIZ 영업 관련 교육 일정을 다시 정해주시기를 부탁하려고 합니다. BIZ 영업 교육을 하기로 한 날에 불가피하게 임원진 교육이 예정되어 기존에 잡혀있던 신입사원 실무교육의 일정을 3월 6 ~ 9일 사이로 앞당겨서 해주셨으면 합니다.
　　또한 전에 계획했던 것과 달리 신입사원들이 A지점을 방문해 실무교육을 받았으면 좋겠습니다. 저희 측에서 일정을 급하게 변동하기를 요청하는 만큼 변경된 교육 일정을 하루 전까지 알려주시면 교육에 차질 없도록 준비하겠습니다. 그리고 이전에 말씀드린 것과 같이 작년과 다르게 신입사원 실무교육 담당자의 직급은 과장 이상이어야 합니다.
　　참고로 교육 담당자의 다른 업무는 다음 주에 해도 된다는 승인을 받았습니다. 신입사원 실무교육은 오전 9시부터 오후 6시까지 점심시간 1시간을 제외하고 8시간을 해야 하며, 실무교육 담당자와 교육 일정을 정해서 관련 공문서를 본사 교육팀 김주임에게 메일로 보내주십시오. 감사합니다.

L사 본사 교육팀 장대리 드림
TEL) 02-1357-2468

〈본사 교육팀 메일 주소〉

구분	메일 주소
강부장	01247@lotte.net
양과장	05329@lotte.net
라과장	06225@lotte.net
장대리	13719@lotte.net
박대리	14816@lotte.net
김주임	15056@lotte.net
김사원	16814@lotte.net

21 교육 일정과 교육 담당자를 정한 귀하는 본사에 공문을 보내려 한다. 같은 팀 내 공문 담당자에게 본사에 보내야 될 내용과 담당자 메일 주소를 알려 줘야 한다. 누구에게 어떤 메일 주소를 알려주어야 하는가?

① 최대리, 13719@lotte.net

② 최대리, 14816@lotte.net

③ 최대리, 15056@lotte.net

④ 박주임, 13719@lotte.net

⑤ 박주임, 15056@lotte.net

22 김대리는 신입사원 교육시간에 나누어 줄 간단한 다과를 준비해야 한다. 교육에 참여할 신입사원은 총 30명이고 1인당 크래커 2봉지, 쿠키 3봉지, 빵 1봉지, 주스 2캔, 물 1병씩을 제공하려고 한다. 다과의 종류별 금액이 다음과 같을 때 구입하는 데 필요한 금액은 얼마인가?(단, 크래커 1Box에는 20봉지가 들어있고, 쿠키 1Box에는 30봉지가 들어있다)

구분	크래커(1Box)	쿠키(1Box)	빵(1봉지)	주스(1캔)	물(1병)
가격(원)	4,000	5,000	1,000	900	600

① 129,000원

③ 149,000원

⑤ 161,000원

② 139,000원

④ 159,000원

23 김대리는 중소기업인 ○○건설에서 기업 보안을 위한 상품 설명과 제안 상담을 받고 싶다는 내용의 전화를 받았다. 귀하가 담당자에게 연결해 주려고 할 때 어떤 내선 번호로 연결해야 하는가?

① 1211
② 1212
③ 1213
④ 1214
⑤ 1215

24 김대리에게 상품 컨설팅을 받은 L제약 측에서 계약하고 싶다는 연락이 왔다. L제약은 김대리가 방문 가능한 날짜에 맞추어 계약하자는 제안을 했다. 김대리가 L제약 측에 통보해야 하는 계약날짜와 시간대는 언제인 가?(단, L제약에서 연락이 온 시점은 김대리가 방문한 다음날 오후 5시이고 가능한 빠른 시일 안에 계약을 체결해야 한다)

① 3월 6일 오후
② 3월 7일 오전
③ 3월 7일 오후
④ 3월 8일 오전
⑤ 3월 8일 오후

※ 다음은 L사의 회의록이다. 각 질문에 답하시오. [25~28]

〈회의록〉

부서 : 홍보전략팀 / 작성자 : I사원

회의 일시	2021. 12. 28.(목) AM 10:00
참석자	홍보전략팀 S차장, K과장, R대리, I사원, U사원
회의 장소	본관 3층 A회의실
회의 안건	1. 제2회 농식품아이디어(TED) 경연대회 전체 기획 및 주제 확정 2. 홍보 전략 수립 3. 시상내역 및 비용 계산
회의 내용	1. 농식품아이디어 경연대회 전체 기획 및 주제 확정 – 제1회 경연대회의 미흡했던 점 보강 – '농촌에 새로운 부가가치 창출 아이디어'를 주제로 확정 : 쌀 소비 활성화 방안, 6차 산업화, 귀농·귀촌 창업 등 세부 주제 결정 2. 홍보 전략 – 자사 홈페이지 활용 방안 – 전국 중앙 및 지역 농·축협에 홍보포스터 게시 : 협조 공문 발송 – 유명 사이트 배너광고 검토 3. 시상내역 및 비용 계산 – 시상부문 및 시상부문 상금 내역 책정 – 광고인쇄물 도안비 및 인쇄물 작성 금액 산정
결정사항 및 기한	• 제2회 TED 세부 주제 검토 및 확정(2021. 12. 30) • 전국 농·축협에 홍보 협조 공문 발송(2022. 1. 9) • 사내 아이디어 공모(2022. 1. 2 ~ 2022. 1. 5) • 광고인쇄물 발주(2022. 1. 11) • 광고 전략 수립 및 광고 샘플 작성(2022. 1. 8) • 홈페이지 및 전국 농·축협에 광고 게시(2022. 1. 20)
비고	• 다음 TED 기획 회의 : 본관 8층 Q 회의실에서 예정 • 제1회 TED 경연대회 분석 자료 보고 지시

25 다음 중 회의록을 통해 알 수 있는 내용이 아닌 것을 모두 고르면?

ㄱ. 회의 장소	ㄴ. 회의 발언자
ㄷ. 회의 주제	ㄹ. 회의 참석자
ㅁ. 회의록 작성자	ㅂ. 회의 기획자
ㅅ. 협력 부서	ㅇ. 회의 시간

① ㄱ, ㄴ, ㅁ
② ㄴ, ㄹ, ㅂ
③ ㄴ, ㅂ, ㅅ
④ ㄷ, ㅅ, ㅇ
⑤ ㅂ, ㅅ, ㅇ

26 회의를 통해 가장 먼저 해야 할 업무는 무엇인가?

① 사내 인트라넷에 TED 홍보와 관련한 사내 아이디어를 공모한다.
② TED 기획 회의를 위해 본관 8층 Q 회의실을 예약해둔다.
③ TED 세부 주제를 확정하기 위한 자료 조사 및 회의를 한다.
④ 전국 농·축협에 TED 홍보포스터의 게시를 요청하는 협조 공문을 발송한다.
⑤ 농·축협 홈페이지에 제2회 TED를 알리는 홍보물을 게시한다.

27 다음은 K과장이 회의록을 검토한 다음 지시한 내용이다. 이에 따라 회의록을 다시 정리할 경우 적절하지 않은 것은?

> I씨, 회의록 작성한 거 봤는데 회의록은 회의에 참석하지 않은 사람도 회의 내용을 한 눈에 알 수 있게 하는 게 좋아요. 우선 농·식품아이디어와 TED가 서로 중복되어 쓰이고 있으니 하나로 통일해주고, 결정사항에는 있는데 회의 내용에는 수록되지 않은 것이 있는 것 같으니 다시 한 번 확인해줘요. 그리고 결정사항은 기한 순으로 정리하는 게 더 보기 좋지 않겠어요? 또 다음 TED 기획 회의라는 표현보다 제1차, 제2차로 나누어서 회의 순서를 정해서 표시했으면 하고요. 그리고 회의실 정해진 거 말고 시간도 정해진 걸로 아는데 이것도 다시 정리해 주세요.

① 농·식품아이디어와 TED의 명칭을 하나로 통일한다.
② 홍보 전략에 '유명 사이트 배너광고 검토' 항목을 삭제한다.
③ 결정사항을 기한별로 순서대로 정리한다.
④ 다음 TED 기획 회의를 제2차 농·식품아이디어 기획 회의로 수정하고, 회의 날짜와 시간을 추가한다.
⑤ 홍보 전략에 사원들을 대상으로 TED에 대한 홍보 아이디어를 공모하자는 내용을 추가한다.

28 다음 TED 기획 회의는 Q회의실에서 진행될 예정이다. Q회의실에는 원형 테이블이 있다. 이 테이블에 참석자 5명이 앉는 경우의 수는?

① 4!
② $\dfrac{4!}{2}$

③ 5!
④ $\dfrac{5!}{2}$

⑤ 6!

부서명		업무내용
경영기획부문	경영기획팀	• 사업 및 운영계획의 수립, 조정 및 심의에 관한 사항 • 직제 및 정원(해외조직망 현지직원 포함)에 관한 사항 • 법, 시행령 및 제 규정의 제정, 운영, 개폐에 관한 사항 • 대내외 업무보고 및 대 국회, 정부 업무에 관한 사항 • 경영공시에 관한 사항 • 팀 장회의 및 간부회의에 관한 사항 • 경영효율 개선에 관한 사항 • 외부 컨설팅 용역 총괄 심의에 관한 사항
	경영관리팀	• 중장기 경영전략, 계획, 경영목표(사장경영목표 포함)의 수립, 조정 및 이행평가에 관한 사항 • 사장 및 상임이사 경영계약 및 이행실적 평가에 관한 사항 • 경영평가 지표 설정 및 개선에 관한 사항 • 본사 내부평가제도 운영 및 개선에 관한 사항 • 경영평가지표와 관련된 팀별 목표개발, 설정 및 추진에 관한 사항 • 경영관리 부문의 정보화 계획 수립 지원에 관한 사항
경영지원부문	예산팀	• 예산 편성 및 조정, 배정에 관한 사항 • 자금계획의 수립 및 조정에 관한 사항 • 예산 및 자금집행 결과의 분석에 관한 사항 • 사업수익의 책정, 조정 및 효과 분석에 관한 사항 • 예산조달계획의 수립, 조정에 관한 사항 • 중장기 재무계획의 수립에 관한 사항 • 예산성과금제도 운영에 관한 사항 • 본부 및 실 내 예산 및 운영계획에 관한 사항
	총무팀	• 조직문화 개선 및 조직활성화에 관한 사항 • 본사 사옥 시설관리 및 개선에 관한 사항 • 국내 근무직원의 복리후생(사내 근로복지기금 관리 포함) 및 보건에 관한 사항 • 행사, 의식 및 섭외에 관한 사항(단, 타 부서 주관 행사는 제외) • 공사, 구매 및 임차, 용역 등 계약에 관한 사항(단, 5백만 원 이하는 제외. 다만, 박람회 또는 전시회의 설계계약 등 업무의 성격상 타 부서에서 수행해야 할 필요가 있다고 인정되는 사항은 예외로 한다) • 소모품 구입, 출납에 관한 사항(단, 100만 원 이하는 제외) • 국내의 토지, 건물의 구입, 관리 및 처분에 관한 사항 • 국내의 차량 및 비품의 구입, 임차, 수리, 처분 및 관리에 관한 사항
	재무팀	• 재무제표 작성 및 결산에 관한 사항 • 전표작성, 회계장부의 기록, 보관에 관한 사항 • 자금의 운용에 관한 사항 • 현금, 예금 및 유가증권의 출납, 보관에 관한 사항 • 회계 관계 증빙서류의 정리, 보관에 관한 사항 • 부가가치세, 법인세의 신고, 납부에 관한 사항 • 원천징수 제세금 납부에 관한 사항 • 재직자 연말정산에 관한 사항(단, 12월 퇴직자 연말정산에 관한 사항 포함) • 기타 회계처리 및 출납에 관한 사항
대외협력실		• 유관기관의 통상정책 수립 지원을 위한 정보조사에 관한 사항 • 통상이슈에 대한 자료발간, 설명회 개최 등 통상정보 전파에 관한 사항 • 통상압력 및 현지 애로사항 사전 파악, 대응방안 수립에 관한 사항 • 통상관련 해외 현지 업종별 단체 및 유관기관 등과 네트워크 구축에 관한 사항 • 대외업무 총괄, 조정에 관한 사항 • 대외 문서 발송에 관한 사항

인재경영실	• 직원의 임면, 전보, 승진, 상벌, 강임, 휴직 및 복직에 관한 사항 • 직원의 근무평정, 교육평정, 이력 및 인사기록 유지에 관한 사항 • 인사위원회 운영에 관한 사항 • 인력수급 및 인사제도의 연구개발에 관한 사항 • 임직원 급여 및 퇴직금에 관한 사항 • 원천세 및 4대 보험료의 징수, 신고, 납부에 관한 사항 • 근로소득, 퇴직소득의 원천징수 및 퇴직자 연말정산에 관한 사항 • 국내외간 부임 및 출장에 관한 사항 • 인사에 관한 제 증명 발급에 관한 사항 • 직원의 근태관리에 관한 사항 • 직원 교육훈련 및 능력 개발계획의 수립, 피교육자의 선발, 시행 평가 및 실적관리에 관한 사항
커뮤니케이션실	• 국내외 홍보에 관한 계획 수립 및 시행에 관한 사항 • 홍보물 제작에 관한 사항 • 국내외 언론인의 취재지원에 관한 사항 • 국내외 홍보간행물 발간을 위한 사진촬영, 제작에 관한 사항 • 각종 회의실 영상기자재 운영 및 관리에 관한 사항 • 기타 홍보활동에 필요한 사진촬영, 제작에 관한 사항 • CI 관리에 관한 사항

〈경영지원부문 주말 대기 근무 규정〉

• 예산팀, 총무팀, 재무팀은 순차적으로 근무를 실시한다.
• 주말 근무 후에는 차주 월요일(토요일 근무 시) 및 화요일(일요일 근무 시)을 휴무한다.
• 같은 주에는 연속으로 근무할 수 없다.
• 주말 근무 예정자가 사정상 근무가 어려울 경우, 해당 주에 휴무이거나 근무가 없는 팀원과 대체한다.

〈L그룹 직원 복지카드 혜택〉

구분	세부 내용
교통	대중교통(지하철, 버스) 10% 할인, 택시 20% 할인
의료	각종 병원 5% 할인(동물병원 포함)
쇼핑	의류, 가구, 도서 구매 5% 할인
문화	영화관 최대 6천 원 할인

〈L그룹 인재개발원 식사 지원 사항〉

메뉴	단가(원)
정식	9,000
일품	8,000
스파게티	7,000
비빔밥	5,000
낙지덮밥	6,000

• 식사 시간 : 조식 – 08:00 ~ 09:00 / 중식 – 12:00 ~ 13:00 / 석식 – 18:00 ~ 19:00
• 조리 시간 단축 및 효율적인 식당 운영을 위해 인재개발원 도착 후 첫 식사인 점심은 정식, 수료일 마지막 식사인 아침은 일품으로 통일
• 나머지 식사는 정식과 일품을 제외한 메뉴 중 자유 선택 가능

〈인문학 특강 외부강사 스케줄〉	
강사명	일정
장익덕	매주 수 ~ 목요일 9 ~ 14시 문화센터 강의
유현덕	1 · 3주 화 · 목요일 9 ~ 14시 대학 강의
조자룡	1 ~ 3주 월 · 수요일 12 ~ 14시 면접 강의
공손찬	매주 수요일 13 ~ 16시, 금요일 9 ~ 12시 도서관 강좌
하후연	1 · 3주 화 ~ 목 9 ~ 11시 강의

29 대외협력실에서 근무하는 김대리는 A국회의원 보좌관으로부터 다음과 같은 메일을 전달받은 후, 자료를 얻고자 한다. 자료를 획득하기 위해 협조해야 할 부서로 적절한 것은?

발신 : A의원실 B보좌관
수신 : L그룹 대외협력실 실무 담당자
제목 : 국정감사 관련 업무 협조 요청
안녕하십니까, 저는 A의원 보좌관 B입니다. 다름이 아니라 정보통신 분야 국정감사에 활용하고자 귀사의 당 회계연도 경영실적 자료와 경영전략 수립을 위한 외부 컨설팅 현황에 대한 자료를 획득하고자 합니다. 협조해 주신 자료는 국정감사 통계자료 외의 어떠한 목적으로도 유출 또는 반출하지 않을 것을 약속드립니다. 정보통신 분야의 정책 개선을 통해 보다 효율적인 기업 운영이 될 수 있도록 하고자 함이니, 적극 협조해 주시길 바랍니다. 보다 자세한 내용은 A의원실 전화번호 02-000-0000으로 연락 주시면 상세히 설명해 드리겠습니다. 귀사의 무궁한 발전을 기원합니다.

① 경영관리팀　　　　　　　　　　② 경영기획팀
③ 재무팀　　　　　　　　　　　　④ 총무팀
⑤ 커뮤니케이션실

30 다음은 모처럼 맞은 휴일을 보낸 김대리의 일과에 대한 내용이다. ㉠ ~ ㉤ 중에서 L그룹 직원 복지카드 혜택을 받을 수 없는 행동을 모두 고르면?

〈김대리의 휴일 일과〉
김대리는 친구와 백화점에서 만나 쇼핑을 하기로 약속을 했다. 집에서 ㉠ 지하철을 타고 약 20분이 걸려 백화점에 도착한 김대리는 어머니 생신 선물로 ㉡ 화장품 세트를 구매한 후, 동생의 결혼 선물로 줄 ㉢ 침구류를 구매하였다. 쇼핑이 끝나고 ㉣ 택시를 타고 집에 돌아와 애완견 '돌이'의 예방접종을 위해 ㉤ ○○ 동물병원에 가서 진료를 받았다.

① ㉠, ㉡, ㉣　　　　　　　　　② ㉡, ㉢
③ ㉠, ㉡, ㉢　　　　　　　　　④ ㉢, ㉤
⑤ ㉢, ㉣, ㉤

31 총무팀에서 주말 대기 근무를 편성하는 김대리는 아래와 같이 근무표 초안을 작성하고, 이를 토대로 대체근무자를 미리 반영하려고 한다. 다음 중 김대리가 반영한 인원으로 적절하지 않은 것은?

〈9월 경영지원부문 주말 근무표〉

구분	1주차		2주차		3주차		4주차	
	5일(토)	6일(일)	12일(토)	13일(일)	19일(토)	20일(일)	26일(토)	27일(일)
근무부서	예산팀	총무팀	재무팀	예산팀	총무팀	재무팀	예산팀	총무팀

〈근무 대상자 명단〉

- 예산팀 : 구하린(팀장), 산수유, 하수오, 김기오, 강병균, 이강순
- 총무팀 : 전성기(팀장), 구원구, 박찬주, 윤완선, 홍준기, 최민호
- 재무팀 : 예민혜(팀장), 지성배, 한형구, 리라, 권용국, 성낙진

	휴무예정일	휴무자	사유	대체근무자	대체근무일
①	5일(토)	하수오	가족여행	한형구	12일(토)
②	12일(토)	지성배	지인 결혼식	구원구	27일(일)
③	19일(토)	박찬주	건강 검진	김기오	13일(일)
④	20일(일)	리라	가족여행	이강순	26일(토)
⑤	27일(일)	최민호	개인 사정	성낙진	12일(토)

32 L그룹 인재경영실에서 근무하는 김대리는 2박 3일간 실시하는 신입사원 연수에 관한 예산안을 작성해야 한다. 신입사원 연수 계획의 일부가 다음과 같을 때 김대리가 편성할 수 있는 식사 예산의 최대 금액은 얼마인가?

〈신입사원 연수에 관한 사항〉

- 기간 : 2022년 4월 16일(월) ～ 18일(수)
- 장소 : L그룹 인재개발원
- 연수 대상(총원) : 50명
- 식사 : 인재개발원 식당
- 비고 : 연수 대상 중 15명은 4월 17일(화) 오전 7시에 후발대로 인재개발원 도착

① 1,820,000원
② 1,970,000원
③ 2,010,000원
④ 2,025,000원
⑤ 2,070,000원

계약서란 계약의 당사자 간의 의사표시에 따른 법률행위인 계약 내용을 문서화한 것으로 당사자 사이의 권리와 의무 등 법률관계를 규율하고 의사표시 내용을 항목별로 구분한 후, 구체적으로 명시하여 어떠한 법률 행위를 어떻게 ⊙ 하려고 하는지 등의 내용을 특정한 문서이다. 계약서의 작성은 미래에 계약에 관한 분쟁 발생 시 중요한 증빙자료가 된다.

계약서의 종류를 살펴보면, 먼저 임대차계약서는 임대인 소유의 부동산을 임차인에게 임대하고, 임차인은 이에 대한 약정을 합의하는 내용을 담고 있다. 임대차는 당사자의 한쪽이 상대방에게 목적물을 사용·수익하게 할 수 있도록 약정하고, 상대방이 이에 대하여 차임을 지급할 것을 ⓒ 약정함으로써 그 효력이 생긴다. 부동산 임대차의 경우 목적 부동산의 전세, 월세에 대한 임차보증금 및 월세를 지급할 것을 내용으로 하는 계약이 여기에 해당하며, 임대차계약 서는 주택 등 집합건물의 임대차계약을 작성하는 경우에 사용되는 계약서이다. 주택 또는 상가의 임대차계약은 민법 에 대한 특례를 규정한 주택임대차보호법 및 상가건물 임대차보호법의 적용을 받으며, 이 법의 적용을 받지 않은 임대차에 관하여는 민법상의 임대차 규정을 적용하고 있다.

다음으로 근로계약서는 근로자가 회사(근로기준법에서는 '사용자'라고 함)의 지시 또는 관리에 따라 일을 하고 이에 대한 ⓒ 댓가로 회사가 임금을 지급하기로 한 내용의 계약서로 유상·쌍무계약을 말한다. 근로자와 사용자의 근로관 계는 서로 동등한 지위에서 자유의사에 의하여 결정한 계약에 의하여 성립한다. 이러한 근로관계의 성립은 구술에 의하여 약정되기도 하지만 통상적으로 근로계약서 작성에 의하여 행해지고 있다.

마지막으로 부동산 매매계약서는 당사자가 계약 목적물을 매매할 것을 합의하고, 매수인이 매도자에게 매매 대금을 지급할 것을 약정함으로 인해 그 효력이 발생한다. 부동산 매매계약서는 부동산을 사고, 팔기 위하여 매도인과 매수 인이 약정하는 계약서로 매매대금 및 지급시기, 소유권 이전, 제한권 소멸, 제세공과금, 부동산의 인도, 계약의 해제 에 관한 사항 등을 약정하여 교환하는 문서이다. 부동산거래는 상황에 따라 다양한 매매조건이 ② 수반되기 때문에 획일적인 계약내용 외에 별도 사항을 기재하는 수가 많으므로 계약서에 서명하기 전에 계약내용을 잘 확인하여야 한다.

이처럼 계약서는 계약의 권리와 의무의 발생, 변경, 소멸 등을 도모하는 중요한 문서로 계약서를 작성할 때에는 신중 하고 냉철하게 판단한 후, 권리자와 의무자의 관계, 목적물이나 권리의 행사방법 등을 명확하게 전달할 수 있도록 육하원칙에 따라 간결하고 명료하게 그리고 정확하고 ⓜ 평이하게 작성해야 한다.

33 다음 중 글의 내용으로 적절하지 않은 것은?

① 계약 체결 이후 관련 분쟁이 발생할 경우 계약서가 중요한 증빙자료가 될 수 있다.

② 주택 또는 상가의 임대차계약은 민법상의 임대차규정의 적용을 받는다.

③ 근로계약을 통해 근로자와 사용자가 동등한 지위의 근로관계를 성립한다.

④ 부동산 매매계약서는 획일적인 계약내용 외에 별도 사항을 기재하기도 한다.

⑤ 계약서를 작성할 때는 간결·명료하고 정확한 표현을 사용하여야 한다.

34 밑줄 친 ㉠～㉤ 중 맞춤법이 잘못된 경우는?

① ㉠

② ㉡

③ ㉢

④ ㉣

⑤ ㉤

35 영업팀의 A, B, C, D, E사원은 교육 참여로 인해 ○○호텔에 투숙하게 되었다. ○○호텔은 5층 건물로 A～E사원이 서로 다른 층에 묵는다고 할 때, 다음에 근거하여 바르게 추론한 것은?

> • A사원은 2층에 묵는다.
> • B사원은 A사원보다 높은 층에 묵지만, C사원보다는 낮은 층에 묵는다.
> • D사원은 C사원 바로 아래층에 묵는다.

① E사원은 1층에 묵는다.

② B사원은 4층에 묵는다.

③ E사원은 가장 높은 층에 묵는다.

④ C사원은 D사원보다 높은 층에 묵지만, E사원보다는 낮은 층에 묵는다.

⑤ 가장 높은 층에 묵는 사람은 알 수 없다.

36 영업팀 A와 B가 함께 호텔에서 나와 교육장을 향해 분당 150m의 속력으로 가고 있다. 30분 정도 걸었을 때, A는 호텔에 두고 온 중요한 서류를 가지러 분당 300m의 속력으로 호텔에 갔다가 같은 속력으로 다시 교육장을 향해 뛰어간다고 한다. B는 처음 속력 그대로 20분 뒤에 교육장에 도착했을 때, A는 B가 교육장에 도착하고 나서 몇 분 후에 회사에 도착하는가?

① 20분

② 25분

③ 30분

④ 35분

⑤ 40분

최근 컴퓨터로 하여금 사람의 신체 움직임을 3차원적으로 인지하게 하여, 이 정보를 기반으로 인간과 컴퓨터가 상호 작용하는 다양한 방법들이 연구되고 있다. 리모컨 없이 손짓으로 TV 채널을 바꾼다거나 몸짓을 통해 게임 속 아바타를 조종하는 것 등이 바로 그것이다. 이때 컴퓨터가 인지하고자 하는 대상이 3차원 공간 좌표에서 얼마나 멀리 있는지에 대한 정보가 필수적인데 이를 '깊이 정보'라 한다.

깊이 정보를 획득하는 방법으로 우선 수동적 깊이 센서 방식이 있다. 이는 사람이 양쪽 눈에 보이는 서로 다른 시각 정보를 결합하여 3차원 공간을 인식하는 것과 비슷한 방식으로, 두 대의 카메라로 촬영하여 획득한 2차원 영상에서 깊이 정보를 추출하는 것이다. 하지만 이 방식은 두 개의 영상을 동시에 처리해야 하므로 시간이 많이 걸리고, 또한 한쪽 카메라에는 보이지만 다른 카메라에는 보이지 않는 부분에 대해서는 정확한 깊이 정보를 얻기 어렵다. 두 카메라가 동일한 수평선상에 정렬되어 있어야 하고, 카메라의 광축도 평행을 이루어야 한다는 제약 조건도 따른다.

그래서 최근에는 능동적 깊이센서 방식인 TOF(Time of Flight) 카메라를 통해 깊이 정보를 직접 획득하는 방법이 주목받고 있다. TOF 카메라는 LED로 적외선 빛을 발사하고, 그 신호가 물체에 반사되어 돌아오는 시간차를 계산하여 거리를 측정한다. 한 대의 TOF 카메라가 1초에 수십 번 빛을 발사하고 수신하는 것을 반복하면서 밝기 또는 색상으로 표현된 동영상 형태로 깊이 정보를 출력한다.

㉠ TOF 카메라는 기본적으로 '빛을 발사하는 조명'과 '대상에서 반사되어 돌아오는 빛을 수집하는 두 개의 센서'로 구성된다. 그중 한 센서는 빛이 발사되는 동안만, 나머지 센서는 빛이 발사되지 않는 동안만 활성화된다. 전자는 A센서, 후자는 B센서라 할 때 TOF 카메라가 깊이 정보를 획득하는 기본적인 과정은 다음과 같다. 먼저 조명이 켜지면서 빛이 발사된다. 동시에, 대상에서 반사된 빛을 수집하기 위해 A센서도 켜진다. 일정 시간 후 조명이 꺼짐과 동시에 A센서도 꺼진다. 조명과 A센서가 꺼지는 시점에 B센서가 켜진다. 만약 카메라와 대상 사이가 멀어서 반사된 빛이 돌아오는 데 시간이 걸려 A센서가 활성화되어 있는 동안에 A센서로 다 들어오지 못하면 나머지 빛은 B센서에 담기게 된다. 결국 대상에서 반사된 빛이 A센서와 B센서로 나뉘어 담기게 되는데 이러한 과정이 반복되면서 대상과 카메라 사이가 가까울수록 A센서에 누적되는 양이 많아지고, 멀수록 B센서에 누적되는 양이 많아진다. 이렇게 A, B 각 센서에 누적되는 반사광의 양의 차이를 통해 깊이 정보를 얻을 수 있는 것이다.

TOF 카메라도 한계가 없는 것은 아니다. 적외선을 사용하기 때문에 태양광이 있는 곳에서는 사용하기 어렵고, 보통 10m 이내로 촬영 범위가 제한된다. 하지만 실시간으로 빠르고 정확하게 깊이 정보를 추출할 수 있기 때문에 다양한 분야에서 응용되고 있다.

37 윗글의 내용으로 적절하지 않은 것은?

① 능동적 깊이 센서 방식은 실시간으로 깊이 정보를 제공해 준다.
② 능동적 깊이 센서 방식은 한 대의 카메라로 깊이 정보를 측정할 수 있다.
③ 수동적 깊이 센서 방식은 사람이 3차원 공간을 인식하는 방법과 유사하다.
④ 수동적 깊이 센서 방식은 두 대의 카메라가 대상을 앞과 뒤에서 촬영하여 깊이 정보를 측정한다.
⑤ 컴퓨터가 대상을 3차원적으로 인지하기 위해서는 깊이 정보가 필요하다.

38 윗글을 읽은 회의참여자가 ㉠에 대해 이해한 내용으로 적절한 것은?

① 대상의 깊이 정보를 수치로 표현하겠군.
② 햇빛이 비치는 밝은 실외에서 더 유용하겠군.
③ 빛 흡수율이 높은 대상일수록 깊이 정보 획득이 용이하겠군.
④ 손이나 몸의 상하좌우뿐만 아니라 앞뒤 움직임도 인지하겠군.
⑤ 사물이 멀리 있을수록 깊이 정보를 더욱 정확하게 측정하겠군.

39 A사원은 항상 발표가 두려웠고 극복하기 위해 항상 자료조사를 철저히 하며 노력한다. A사원에게 격려해줄 말로 적절한 것은?

① 안빈낙도
② 호가호위
③ 각주구검
④ 우공이산
⑤ 사면초가

40 A사원은 다음 〈조건〉에 따라 회의준비를 해야 한다. 다음 A, B의 결론에 대한 판단으로 옳은 것은?

─〈조건〉─
• 회의장을 세팅하는 사람은 회의록을 작성하지 않는다.
• 회의에 쓰일 자료를 복사하는 사람은 자료 준비에 참여한 것이다.
• 자료 준비에 참여하는 사람은 회의장 세팅에 참여하지 않는다.
• 자료 준비를 하는 사람은 회의 중 회의록을 작성한다.

• A : 회의록을 작성하지 않으면 회의 자료를 복사하지 않는다.
• B : 회의장을 세팅하면 회의 자료를 복사한다.

① A만 옳다.
② B만 옳다.
③ A, B 모두 옳다.
④ A, B 모두 틀리다.
⑤ A, B 모두 옳은지 틀린지 판단할 수 없다.

제4회
L-TAB 롯데그룹
직무적합진단

〈시험진행〉

개요	시간
• 실제 업무 상황처럼 구현된 아웃룩 메일함 / 자료실 환경에서 이메일 및 메신저 등으로 전달된 다수의 과제 수행 • 문항에 따라 객관식, 주관식, 자료 첨부 등 다양한 형태의 답변이 가능 • 문항 수 구분은 없으나 대략적으로 30 ~ 40문제 수준의 문항 수가 주어짐	3시간 (사전준비 1시간 포함)

제4회 직무적합진단

문항 수 : 40문항
시험시간 : 120분

※ 다음은 L사의 프로젝트 목록이다. 표를 보고 이어지는 질문에 답하시오. **[1~4]**

<프로젝트별 진행 세부사항>

프로젝트명	필요인원(명)	소요기간(개월)	기간	1인당 인건비(만 원)	진행비(만 원)
A	46	1	2월	130	20,000
B	42	4	2~5월	550	3,000
C	24	2	3~4월	290	15,000
D	50	3	5~7월	430	2,800
E	15	3	7~9월	400	16,200

※ 1인당 인건비는 프로젝트가 끝날 때까지의 1인당 총 인건비를 말한다.

01 모든 프로젝트를 완료하기 위해 필요한 최소 인원은 몇 명인가?(단, 프로젝트 참여자는 하나의 프로젝트를 끝내면 다른 프로젝트에 참여한다)

① 50명
② 65명
③ 92명
④ 107명
⑤ 117명

02 다음 중 L사의 A~E프로젝트를 인건비가 가장 적게 드는 것부터 순서대로 나열한 것은?

① A-E-C-D-B
② A-E-C-B-D
③ A-C-E-D-B
④ E-A-C-B-D
⑤ E-C-A-D-B

03 L사는 인건비와 진행비를 합산하여 프로젝트 비용을 산정하려고 한다. A ~ E프로젝트 중 총 비용이 가장 적게 드는 것은 무엇인가?

① A프로젝트   ② B프로젝트

③ C프로젝트   ④ D프로젝트

⑤ E프로젝트

04 L사는 프로젝트 참여인원 중 일부의 휴가를 제공했다. 제시된 내용을 바탕으로 내린 A, B의 결론에 대한 판단으로 항상 옳은 것은?

• L사의 직원 A, B, C, D의 휴가 기간은 3일이고, 주말은 휴가 일수에 포함되지 않는다. • A는 B보다 하루 일찍 휴가를 떠난다. • C는 B보다 이틀 늦게 휴가를 떠난다. • D는 C보다 하루 일찍 휴가를 떠난다. • B는 화요일에 휴가를 떠난다.

• A : C는 금요일까지 휴가이다. • B : D는 금요일까지 휴가이다.

① A만 옳다.

② B만 옳다.

③ A, B 모두 옳다.

④ A, B 모두 틀리다.

⑤ A, B 모두 옳은지 틀린지 판단할 수 없다.

※ L회사의 해외영업팀은 팀 전체가 해외출장을 앞두고 있다. 해외출장에 앞서 총 책임을 맡은 A팀장은 유의사항을 확인하기 위해 위기상황별 대처매뉴얼을 찾아보았다. 자료를 참고하여 이어지는 질문에 답하시오. [5~8]

〈위기상황별 대처매뉴얼〉

■ **영사콜센터** – 24시간 연중무휴
- 이용방법
  - 국내 : 02)3210-0404(유료)
  - 해외 : +822-3210-0404(유료)
- 상담내용
  우리 국민 해외 사건·사고 접수, 신속해외송금지원제도 안내, 가까운 재외공관 연락처 안내 등 전반적인 영사민원 상담

■ **도난·분실 시**
- 재외공관(대사관 혹은 총영사관)에서 사건 관할 경찰서의 연락처와 신고방법 및 유의사항을 안내받습니다.
- 의사소통의 문제로 어려움을 겪을 경우, 통역 선임을 위한 정보를 제공받습니다.
- 여권 분실
  - 여권을 분실한 경우, 가까운 현지 경찰서를 찾아가 여권 분실 증명서를 만듭니다. 재외공관에 분실 증명서, 사진 2장(여권용 컬러사진), 여권번호, 여권발행일 등을 기재한 서류를 제출합니다. 급히 귀국해야 할 경우 여행 증명서를 발급받습니다.
  - ※ 여권 분실에 대비해 여행 전 여권을 복사해두거나, 여권번호, 발행 연월일, 여행지 우리 공관 주소 및 연락처 등을 메모해 둡니다. 단, 여권을 분실했을 경우 해당 여권이 위·변조되어 악용될 수 있다는 점에 유의바랍니다.
- 현금 및 수표 분실
  - 여행 경비를 분실·도난당한 경우, 신속해외송금지원제도를 이용합니다(재외공관 혹은 영사콜센터 문의).
  - 여행자 수표를 분실한 경우, 경찰서에 바로 신고한 후 분실 증명서를 발급받습니다.
- 항공권 분실
  - 항공권을 분실한 경우, 해당 항공사의 현지 사무실에 신고하고, 항공권 번호를 알려줍니다.
  - ※ 분실에 대비해 항공권 번호가 찍혀 있는 부분을 미리 복사해 두고, 구매한 여행사의 연락처도 메모해둡니다.
- 수하물 분실
  - 수하물을 분실한 경우, 화물인수증(Claim Tag)을 해당 항공사 직원에게 제시하고, 분실 신고서를 작성합니다. 공항에서 짐을 찾을 수 없게 되면, 항공사에서 책임지고 배상합니다.
  - ※ 현지에서 여행 중에 물품을 분실한 경우 현지 경찰서에 잃어버린 물건에 대해 신고를 하고, 해외여행자 보험에 가입한 경우 현지 경찰서로부터 도난 신고서를 발급받은 뒤, 귀국 후 해당 보험회사에 청구합니다.

05 다음 중 A팀장이 해외 출장 전 팀원들에게 당부할 내용으로 적절하지 않은 것은?

① 수하물을 분실했을 때 화물인수증이 없어도 해당 항공사 직원에게 항공권을 보여주면 항공사에서 책임지고 배상해주니 걱정하지 마세요.
② 여권 분실에 대비해서 여행 전 여권을 복사해둬야 합니다.
③ 여행 경비를 분실·도난당한 경우에 신속해외송금지원제도를 이용할 수 있으니 바로 제게 말씀해주시기 바랍니다.
④ 항공권을 분실할 경우를 대비해 항공권 번호가 있는 부분을 일괄적으로 모두 복사할 예정입니다.
⑤ 영사콜센터는 24시간 연중무휴로 운영되니 위급상황 시 주저하지 말고 전화하세요.

06 A팀장은 위기상황별 대처매뉴얼을 기반으로 유인물을 만들어 팀원들에게 나눠주었다. 다음 중 팀원들의 질문에 대한 A팀장의 대답으로 적절하지 않은 것은?

① B대리 : 만약 여권을 분실했는데 그 사실을 한국으로 돌아가기 전날 알았다면 어떻게 하죠?

　　A팀장 : 급히 귀국해야 하는 경우이니 여행 증명서를 발급받으면 됩니다.

② E사원 : 현지에서 잃어버린 물품에 대해 가입한 해외여행자 보험사에 청구하려 할 때는 어떤 서류가 필요한가요?

　　A팀장 : 현지 경찰서로부터 도난 신고서를 발급받으면 자동으로 해당 보험회사에 정보가 넘어가니 따로 제출할 서류는 없습니다.

③ D주임 : 여행자 수표를 분실했을 때는 어떻게 해야 하나요?

　　A팀장 : 경찰서에 바로 신고한 후 분실 증명서를 발급받습니다.

④ C사원 : 여행 경비를 강도에게 뺏기고 당장 쓸 돈이 한 푼도 없다면 어떻게 하나요?

　　A팀장 : 영사관에서 제공하는 신속해외송금지원제도를 이용하면 됩니다. 재외공관이나 영사콜센터에 문의하면 자세히 가르쳐 줍니다.

⑤ F사원 : 영사콜센터는 무료로 이용 가능한가요?

　　A팀장 : 영사콜센터는 유료이며 우리 국민의 해외 사건·사고 접수, 가까운 재외공관 연락처 안내, 신속해외송금지원제도 안내 등 전반적인 영사민원을 상담하고 있습니다.

07 비행기가 순항 중일 때에는 860km/h의 속력으로 날아가고, 기상이 악화되면 40km/h의 속력이 줄어든다. 해외출장을 갈 때 3시간 30분 동안 비행하는 데 15분 동안 기상이 악화되었다면 날아간 거리는 총 몇 km인가?

① 2,850km
② 2,900km
③ 2,950km
④ 3,000km
⑤ 3,050km

08 해외출장지에 도착한 A팀장은 가방에 넣었던 여권이 보이지 않자 도난상황임을 짐작하고 경찰서에 신고하였다. 하지만 어이없게도 여권이 A팀장의 주머니에서 발견되었다. 이 상황을 나타낸 사자성어로 가장 옳은 것은?

① 누란지위
② 등하불명
③ 수구초심
④ 조족지혈
⑤ 지란지교

※ L회사의 컴퓨터기기 유지 및 보수 업무를 담당하는 Y사원은 세 부서에서 받은 컴퓨터 점검 및 수리 요청 내역과 수리요금표를 다음과 같이 정리하였다. 자료를 보고 이어지는 질문에 답하시오. [9~12]

〈점검 · 수리 요청 내역〉

구분	수리 요청 내역	요청인원(명)	비고
A부서	RAM 8GB 교체	12	• 요청인원 중 3명은 교체 및 1개 더 추가설치 희망
	SSD 250GB 추가 설치	5	–
	프로그램 설치	20	• 문서작성 프로그램 : 10명 • 3D그래픽 프로그램 : 10명
B부서	HDD 1TB 교체	4	• 요청인원 모두 교체 시 HDD 백업 희망
	HDD 포맷 · 배드섹터 수리	15	–
	바이러스 치료 및 백신 설치	6	–
C부서	외장 VGA 설치	1	–
	HDD 데이터 복구	1	• 원인 : 하드웨어적 증상 • 복구용량 : 270GB
	운영체제 설치	4	• 회사에 미사용 정품 설치 USB 보유

※ HDD 데이터 복구의 경우 서비스센터로 PC를 가져가 진행한다.

〈수리요금표〉

구분	수리 내역		서비스비용(원)	비고
H/W	교체 및 설치	RAM(8GB)	8,000	부품비용 : 96,000원
		HDD(1TB)	8,000	부품비용 : 50,000원
		SSD(250GB)	9,000	부품비용 : 110,000원
		VGA(포스 1060i)	10,000	부품비용 : 300,000원
	HDD 포맷 · 배드섹터 수리		10,000	–
	HDD 백업		100,000	–
S/W	프로그램 설치		6,000	그래픽 관련 프로그램 설치 시 개당 추가 1,000원의 비용 발생
	바이러스 치료 및 백신 설치		10,000	–
	운영체제 설치		15,000	정품 미보유 시 정품 설치 USB 개당 100,000원의 비용 발생
	드라이버 설치		7,000	–
데이터 복구	하드웨어적 원인(~ 160GB)		160,000	초과용량의 경우 1GB당 5,000원의 비용 발생
	소프트웨어적 원인		180,000	–

※ 프로그램 · 드라이버 설치 서비스비용은 개당 비용이다.
※ H/W를 교체 · 설치하는 경우 수리요금은 서비스비용과 부품비용을 합산하여 청구한다.
※ 하나의 PC에 같은 부품을 여러 개 교체 · 설치하는 경우 부품의 개수만큼 서비스비용이 발생한다.

09 A부서의 수리 요청 내역별 수리요금으로 올바르게 짝지어진 것은?

	수리 요청 내역	수리요금
①	RAM 8GB 교체	1,248,000원
②	RAM 8GB 교체	1,560,000원
③	SSD 250GB 추가설치	575,000원
④	프로그램 설치	120,000원
⑤	프로그램 설치	131,000원

10 B부서에 청구되어야 할 수리비용을 올바르게 구한 것은?

① 742,000원   ② 778,000원

③ 806,000원   ④ 842,000원

⑤ 888,000원

11 HDD 데이터 복구를 요청한 C부서의 U과장이 Y사원에게 PC를 며칠 후에 받을 수 있는지를 물었다. 다음을 참고했을 때, Y사원이 U과장에게 안내할 기간은?

〈데이터 복구 관련 안내문〉

• 복구 전 진단을 시행하며, 이때 소요되는 시간은 2시간입니다.
• 시간당 데이터 복구량은 7.5GB입니다.
• 수리를 마친 다음 날 직접 배송해드립니다.

---

① 1일   ② 2일

③ 3일   ④ 4일

⑤ 5일

12 Y사원은 HDD 데이터 복구를 위해 회사에서 2km 떨어진 서비스센터에 간다. 처음에는 분속 80m의 속력으로 걷다가 늦을 것 같아 속력을 두 배로 올렸더니 총 20분이 걸렸다. 분속 80m로 걸은 거리는 얼마인가?

① 600m   ② 800m

③ 1,000m   ④ 1,200m

⑤ 1,400m

※ L사 인사팀에 근무하고 있는 C대리는 A사원과 B차장의 승진심사를 위해 다음과 같이 표를 작성하였다. 자료를 보고 이어지는 질문에 답하시오. **[13~16]**

〈승진심사 점수표〉

(단위 : 점)

소속	직급	업무			업무평점	능력	태도	승진심사 평점
		업무실적	개인평가	조직기여도				
총무팀	A사원	86	70	80		80	60	
자산팀	B차장	80	85	90		77	85	85

※ 승진심사 평점은 업무평점 80%, 능력 10%, 태도 10%로 계산한다.
※ 승진심사 평점이 80점 이상이면 승진이다.
※ 업무평점은 직급에 따라 다음과 같은 계산식으로 계산된다.
  직급에 따른 업무항목별 ㉠ 계산 기준
  – 사원 ~ 대리 : (업무실적)×0.5+(개인평가)×0.3+(조직기여도)×0.2
  – 과장 ~ 부장 : (업무실적)×0.3+(개인평가)×0.2+(조직기여도)×0.5

13 B차장의 업무평점을 바르게 계산한 것은?

① 78점   ② 80점
③ 83점   ④ 86점
⑤ 89점

14 A사원의 승진심사 평점을 바르게 계산한 것은?

① 65점   ② 70점
③ 78점   ④ 82점
⑤ 84점

15 다음 중 ㉠과 같은 의미로 쓰인 것은?

① B대리는 오늘 지출한 총 매출과 비용을 <u>계산</u>해보았다.
② A사원은 법인카드로 점심식사를 <u>계산</u>했다.
③ 그는 <u>계산</u>에 밝은 편이야.
④ 계획을 세울 때에는 뜻하지 않은 일도 <u>계산</u>해두는 게 좋지.
⑤ C차장은 이것저것 <u>계산</u>하지 않고 한 길만 고집하는 우직한 사람이야.

16 A사원의 승진심사 결과 이후 가져야 할 마음가짐으로 적절한 것은?

① 각골통한(刻骨痛恨)   ② 비분강개(悲憤慷慨)
③ 원철골수(怨徹骨髓)   ④ 교아절치(咬牙切齒)
⑤ 절차탁마(切磋琢磨)

※ L사 영업팀 A, B, C, D, E, F, G 7명은 연수원으로 워크숍을 가게 되었다. 연수원 1층에 방 3개, 2층에 방 2개를 빌렸고 방 배정기준이 다음과 같을 때, 이어지는 질문에 답하시오. [17~20]

- 1인용 방은 꼭 혼자 사용해야 하고, 2인용 방은 혼자 또는 두 명이 사용할 수 있다.
- 1인용 방은 각 층에 하나씩 있으며, D와 F가 사용한다.
- A와 F는 2층을 사용한다.
- B와 G는 같은 방을 사용한다.
- C와 E는 다른 층을 사용한다.

17 A와 방을 함께 쓸 사람은 누구인가?

① C 또는 E
② F 또는 D
③ E 또는 G
④ B 또는 G
⑤ C 또는 F

18 1층은 몇 명이 사용하는가?

① 2명
② 3명
③ 4명
④ 5명
⑤ 알 수 없음

19 E가 1층을 사용할 경우, C는 몇 층에서 누구와 방을 쓰는가?

① 1층 – B
② 1층 – 혼자
③ 2층 – A
④ 2층 – F
⑤ 1층 – G

20 2층은 몇 명이 사용하는가?

① 1명
② 2명
③ 3명
④ 4명
⑤ 알 수 없음

※ 다음은 L사의 성과급 기준 규정이다. 이어지는 질문에 답하시오. [21~24]

〈성과급 지급 규정〉

제1조(성과급의 정의)
성과급이란 조직원의 사기진작과 합리적인 임금 체계 구축을 위해 평가된 결과에 따라 차등 지급되는 보수를 말한다.

제2조(지급대상)
① 성과연봉의 지급대상자는 성과평가 대상기간 중 1개월 이상의 기간 동안 L사에 직원으로 근무한 자로 한다.
② 제1항의 근무기간에 휴직기간, 징계기간, 지위해제기간, 결근기간은 포함하지 않는다.
③ 1개월 이상 L사 직원으로 근무하였음에도 성과평가 결과를 부여받지 못한 경우에는 최하등급 기준으로 성과연봉을 지급한다.

제3조(평가시기)
평가는 분기별로 1회씩 이루어진다.

제4조(평가기준)
평가항목과 가중치에 따라 다음과 같은 기준을 제시한다.

구분	전문성	유용성	수익성
가중치	0.3	0.2	0.5

제5조(점수별 등급)
성과평가 점수에 따른 평가등급을 다음과 같이 제시한다.

성과평가 점수	9.0 이상	8.0 이상 ~ 9.0 미만	7.0 이상 ~ 8.0 미만	6.0 이상 ~ 7.0 미만	5.0 이상 ~ 6.0 미만
평가등급	S등급	A등급	B등급	C등급	D등급

제6조(지급기준)
평가등급에 따라 다음과 같이 지급한다.

평가등급	S등급	A등급	B등급	C등급	D등급
지급액	100만 원	80만 원	60만 원	40만 원	20만 원

---

21 다음 중 성과급 지급 규정에 대해 제대로 이해하지 못하고 있는 사람은 누구인가?

① A사원 : 성과연봉을 받기 위해서는 성과평가 대상기간 중 1개월 이상의 기간은 직원으로 L사에서 근무해야 해.

② B사원 : 맞아. 1개월 이상 L사 직원으로 근무하였음에도 성과평가 결과를 부여받지 못한 경우에는 성과연봉이 하나도 지급되지 않아.

③ C사원 : 성과급 평가기준은 전문성, 유용성, 수익성으로 나뉘는데, 수익성 > 전문성 > 유용성 순으로 가중치가 커.

④ D사원 : 성과평가는 분기별로 한 번씩 이루어져.

⑤ E사원 : A가 말한 근무기간에 휴직기간, 징계기간, 지위해제기간, 결근기간은 포함하지 않아.

22 L사에 근무하는 O대리의 평가점수가 다음과 같다고 할 때 1년 동안 총 얼마의 성과급을 받는가?

(단위 : 점)

구분	전문성	유용성	수익성
1분기	6	8	7
2분기	7	7	6
3분기	8	6	7
4분기	7	8	9

① 200만 원   ② 210만 원
③ 220만 원   ④ 230만 원
⑤ 240만 원

23 성과급 지급 규정의 평가기준에서 수익성의 비중을 높여 전문성 0.3, 유용성 0.2, 수익성 0.6으로 가중치를 변경한다면, **22**번에서 계산한 O대리의 1년 총 성과급보다 얼마나 증가되는가?

① 40만 원   ② 50만 원
③ 60만 원   ④ 70만 원
⑤ 80만 원

24 A사원과 B사원은 성과급을 받을 자격이 된다. A가 S등급을 받지 못할 확률이 $\frac{2}{3}$ 이고 B가 S등급을 받을 확률이 60%일 때 A, B 둘 다 S등급을 받을 확률은?

① 20%   ② 30%
③ 40%   ④ 50%
⑤ 60%

※ 다음은 L기업의 인사·총무팀 L사원이 해결해야 할 업무들을 두서없이 적어놓은 표이다. 오늘이 7월 12일 화요일이라고 할 때, 아래 업무 목록을 보고 이어지는 질문에 답하시오. **[25~28]**

〈업무 목록〉

업무 내용	필요 기간	업무(완수)일
▶ 팀워크 향상 교육 결과 보고서 제출	4일	08.31
▶ 2차 팀워크 향상 교육 준비 / 확인	3일	08.10
▶ 자동문 수리 기사 방문(11시 ~ 12시 사이)	1시간	07.11
▶ 급여 계산 완료 및 결재 요청	5일	08.11
▶ 1차 팀워크 향상 교육 준비	4일	07.27
▶ 급여 이체의뢰서 작성 및 지급 은행 제출	3시간	07.14
▶ 사내 비치용 다과 구입	1시간	07.13
▶ 3차 팀워크 향상 교육 준비	3일	08.24
▶ 급여 이체의뢰서 작성 및 지급 은행 제출	3시간	08.14

• 매주 월요일 : 커피 머신 청소(30분)
 - 출근 후 시간이 충분할 경우 주간회의 시작 전에 완료할 것
• 매주 월요일 : 주간회의 준비(20분) 및 진행(40분)
 - 회의 시작 시간 : 첫째 주, 셋째 주 오전 10시 / 둘째 주, 넷째 주 오전 9시 30분
• 에어컨 필터 교체 기사 방문(7월 21일 14시 ~ 14시 30분 사이, 소요시간 2시간)

※ 출근 시간은 오전 9시이다.
※ 업무(완수)일은 필요기간에 포함하지 않는다.
※ 주말에는 업무를 보지 않고, 업무(완수)일이 주말이면 그전 금요일에 완수한다.
※ 기사 방문 시 L사원은 자리를 비울 수 없다.

25 다음 중 L사원이 매주 반복적으로 수행해야 하는 업무는 총 몇 가지인가?

① 2가지
② 3가지
③ 4가지
④ 5가지
⑤ 6가지

26 다음 중 7월 1일부터 내일까지 L사원이 완료해야 할 업무가 아닌 것은?

① 커피 머신 청소
② 자동문 수리 기사 방문 확인
③ 급여 이체의뢰서 작성 및 지급 은행 제출
④ 주간회의 준비 및 진행
⑤ 사내 비치용 다과 구입

27 L사원은 업무 능력 향상을 위해 인사·노무 관련 교육을 이수해야 한다. 다음 중 교육 수강이 불가능한 날은?

① 7월 18일 11:30 ~ 16:30

② 7월 19일 14:00 ~ 18:00

③ 7월 20일 09:00 ~ 14:00

④ 7월 21일 10:00 ~ 15:00

⑤ 7월 22일 11:00 ~ 16:00

28 L사원이 8월 첫째 주에 처리해야 하는 업무 중 먼저 착수해야 하는 순서대로 나열한 것은?

① 주간회의 준비 및 진행 → 급여 계산 완료 및 결재 요청 → 커피 머신 청소 → 2차 팀워크 향상 교육 준비

② 커피 머신 청소 → 주간회의 준비 및 진행 → 2차 팀워크 향상 교육 준비 → 급여 계산 완료 및 결재 요청

③ 주간회의 준비 및 진행 → 커피 머신 청소 → 2차 팀워크 향상 교육 준비 → 급여 계산 완료 및 결재 요청

④ 커피 머신 청소 → 주간회의 준비 및 진행 → 급여 계산 완료 및 결재 요청 → 2차 팀워크 향상 교육 준비

⑤ 커피 머신 청소 → 급여 계산 완료 및 결재 요청 → 주간회의 준비 및 진행 → 2차 팀워크 향상 교육 준비

〈이용가능 항공편 세부사항〉

항공편	출발시간(한국시각)	경유시간	소요시간	편도 가격	할인행사
SP – 340	2022년 5월 10일 오후 2시		11시간 50분	87만 원	왕복 구매 시 10% 할인
GE – 023	2022년 5월 10일 오전 9시	5시간	10시간 30분	70만 원	
NL – 110	2022년 5월 10일 오후 2시 10분		11시간 10분	85만 원	왕복 구매 시 5% 할인
KR – 730	2022년 5월 10일 오후 12시		12시간 55분	88만 원	
AR – 018	2022년 5월 10일 오후 1시		12시간 50분	90만 원	10인 이상 구매 시 총 금액에서 15% 할인
OL – 038	2022년 5월 10일 오전 10시 30분	3시간	10시간 30분	80만 원	

─〈보기〉─

• 해외연수를 떠나는 직원은 총 10명이다.
• 네덜란드와 한국의 시차는 8시간이며 한국이 더 빠르다.
• 왕복 항공권 가격은 편도 가격의 2배와 같다.
• 소요시간에 경유시간은 포함되지 않는다.

29 다음 중 네덜란드와 한국 간 왕복 항공편을 예매할 때, 가장 저렴한 비용으로 이용할 수 있는 항공편은?

① SP – 340
② GE – 023
③ NL – 110
④ KR – 730
⑤ AR – 018

30 해외연수 첫째 날 네덜란드 현지시각으로 2022년 5월 10일 오후 5시에 네덜란드 농민과의 만찬이 예정되어 있다면 다음 중 어떤 항공편을 이용해야 하는가?(단, 가능한 항공편 중 경유시간이 짧은 항공편을 선택하며, 네덜란드 공항에서 만찬 장소까지 5분 소요된다)

① SP – 340
② GE – 023
③ NL – 110
④ KR – 730
⑤ AR – 018

31 일정이 변경되어 네덜란드 현지시각으로 2022년 5월 10일 오후 4시에 네덜란드 공항에서 연수담당자를 만나기로 했다. 다음 중 이용할 수 있는 항공편은?(단, 다른 이동시간은 모두 무시한다)

① GE - 023

② NL - 110

③ KR - 730

④ AR - 018

⑤ OL - 038

32 회사에서 공항까지 시속 40km로 갈 때와 시속 45km로 갈 때 걸리는 시간이 10분 차이가 난다면 회사에서 공항까지의 거리는 얼마인가?

① 50km

② 60km

③ 70km

④ 80km

⑤ 90km

※ 다음은 L사의 회의에 사용될 '블라인드 채용'에 관한 글이다. 다음 글을 읽고, 이어지는 질문에 답하시오.
[33~36]

인사 담당자 또는 면접관이 지원자의 학벌, 출신 지역, 스펙 등을 평가하는 기존 채용 방식에서는 기업 성과에 필요한 직무능력 외 기타요인에 의한 불공정한 채용이 만연했다. 한 설문조사에서 구직자의 77%가 불공정한 채용 평가를 경험한 적이 있다고 답했으며, 그에 따라 대다수의 구직자들은 기업의 채용 공정성을 신뢰하지 않는다고 응답했다. 이러한 스펙 위주의 채용으로 기업, 취업 준비생 모두에게 시간적·금전적 비용이 과잉 발생하게 되었고, 직무에 적합한 인성·역량을 보여줄 수 있는 채용 제도인 블라인드 채용이 대두되기 시작했다.

블라인드 채용이란 입사지원서, 면접 등의 채용 과정에서 편견이 개입돼 불합리한 차별을 초래할 수 있는 출신지, 가족관계, 학력, 외모 등의 항목을 걷어내고 실력, 즉 직무 능력만으로 인재를 평가해 채용하는 방식이다. 서류 전형은 없애거나 블라인드 지원서로 대체하고, 면접 전형은 블라인드 오디션 또는 면접으로 진행함으로써 실제 지원자가 가진 직무 능력을 가릴 수 있는 요소들을 배제하고 직무에 적합한 지식, 기술, 태도 등을 종합적으로 평가한다. 서류 전형에서는 모든 지원자에게 공정한 기회를 제공하고, 필기 및 면접 전형에서는 기존에 열심히 쌓아온 실력을 검증한다. 또한 지원자가 쌓은 경험과 능력, 학교생활을 하며 양성한 지식, 경험, 능력 등이 모두 평가 요소이기에 그간의 노력이 저평가되거나 역차별 요소로 작용하지 않는다.

블라인드 채용의 서류 전형은 무서류 전형과 블라인드 지원서 전형으로 구분된다. 무서류 전형은 채용 절차 진행을 위한 최소한의 정보만을 포함한 입사지원서를 접수하되 이를 선발 기준으로 활용하지 않는 방식이다. 블라인드 지원서 전형에는 입사지원서에 최소한의 정보만 수집하여 선발 기준으로 활용하는 방식과 블라인드 처리되어야 할 정보까지 수집하되 온라인 지원서상 개인정보를 암호화하거나 서면 이력서상 마스킹 처리를 하는 등 채용담당자는 볼 수 없도록 기술적으로 처리하는 방식이 있다. 면접 전형의 블라인드 면접에는 입사지원서, 인·적성검사 결과 등의 자료 없이 면접을 진행하는 무자료 면접 방식과 면접관의 인지적 편향을 유발할 수 있는 항목을 제거한 자료를 기반으로 면접을 진행하는 방식이 있다. 이와 달리 블라인드 오디션은 오디션으로 작업 표본, 시뮬레이션 등을 수행하도록 함으로써 지원자의 능력과 기술을 평가하는 방식이다.

한편 ㉠ 기존 채용, ㉡ 국가직무능력표준(NCS) 기반 채용, ㉢ 블라인드 채용의 3가지 채용 모두 채용 공고, 서류 전형, 필기 전형, 면접 전형 등으로 채용 프로세스는 같지만 각 전형별 세부 사항과 취지에 차이가 있다. 기존의 채용은 기업이 지원자에게 자신이 인재임을 스스로 증명하도록 요구해 무분별한 스펙 경쟁을 유발했던 반면, NCS 기반 채용은 기업이 직무별로 원하는 요건을 제시하고 지원자가 자신의 준비 정도를 증명해 목표 지향적인 능력·역량 개발을 촉진한다. 블라인드 채용은 선입견을 품을 수 있는 요소들을 전면 배제해 실력과 인성만으로 평가받도록 구성한 것이다.

33 다음 중 '블라인드 채용'의 등장 배경으로 적절하지 않은 것은?

① 대다수의 구직자들은 기존 채용 방식의 공정성을 신뢰하지 못했다.
② 기존 채용 방식으로는 지원자의 직무에 적합한 인성·역량 등을 제대로 평가할 수 없었다.
③ 구직자의 77%가 불공정한 채용 평가를 경험했을 만큼 불공정한 채용이 만연했다.
④ 스펙 위주의 채용으로 인해 취업 준비생에게 시간적·금전적 비용이 과도하게 발생하였다.
⑤ 지원자의 직무 능력을 가릴 수 있는 요소들을 배제하는 기존의 방식이 불합리한 차별을 초래했다.

34 다음 중 '블라인드 채용'을 이해한 내용으로 적절한 것은?

① 무서류 전형에서는 입사지원서를 제출할 필요도 없겠어.

② 블라인드 온라인 지원서의 암호화된 지원자의 개인정보는 채용담당자만 볼 수 있어.

③ 별다른 자료 없이 진행되는 무자료 면접의 경우에도 인·적성검사 결과는 필요하군.

④ 블라인드 면접관은 선입견을 유발하는 항목이 제거된 자료를 기반으로 면접을 진행하기도 해.

⑤ 서류 전형을 없애면 기존에 쌓아온 능력·지식·경험 등은 아무런 쓸모가 없겠어.

35 다음 중 밑줄 친 ㉠~㉢에 대한 설명으로 적절하지 않은 것은?

① ㉠의 경우 기업은 지원자에게 자신이 적합한 인재임을 스스로 증명하도록 요구한다.

② ㉠~㉢은 모두 채용 공고, 서류 전형, 필기 전형, 면접 전형 등의 동일한 채용 프로세스로 진행된다.

③ ㉡은 ㉠과 달리 기업이 직무별로 필요한 조건을 제시하면 지원자는 이에 맞춰 자신의 준비 정도를 증명해야 한다.

④ ㉢은 선입견 요소들을 모두 배제하여 지원자의 실력과 인성만을 평가한다.

⑤ ㉠과 ㉡은 지원자가 자신의 능력을 증명해야 하므로 지원자들의 무분별한 스펙 경쟁을 유발한다.

36 L사의 A ~ F팀은 월요일부터 토요일까지 하루에 2팀씩 함께 회의를 진행한다. 다음 〈조건〉을 참고할 때, 반드시 참인 것은?(단, 월요일부터 토요일까지 각 팀의 회의 진행 횟수는 서로 같다)

─────〈조건〉─────
- 오늘은 목요일이고 A팀과 F팀이 함께 회의를 진행했다.
- B팀은 A팀과 연이은 요일에 회의를 진행하지 않는다.
- B팀은 오늘을 포함하여 이번 주에는 더 이상 회의를 진행하지 않는다.
- C팀은 월요일에 회의를 진행했다.
- D팀과 C팀은 이번 주에 B팀과 한 번씩 회의를 진행한다.
- A팀과 F팀은 이번 주에 이틀을 연이어 함께 회의를 진행한다.

① E팀은 수요일과 토요일 하루 중에만 회의를 진행한다.

② 화요일에 회의를 진행한 팀은 B팀과 E팀이다.

③ C팀과 E팀은 함께 회의를 진행하지 않는다.

④ C팀은 월요일과 수요일에 회의를 진행했다.

⑤ F팀은 목요일과 금요일에 회의를 진행한다.

(가) 이러한 세계적인 추세와는 다르게 우리나라 국가 정책에서 천연가스의 역할은 그 잠재력이 충분히 발현되지 못하는 방향으로 진행되고 있어 우려가 높아지고 있다. 우리나라는 거의 모든 천연가스를 수입에 의존하고 있기 때문에 가스 부국들의 에너지 환경을 그대로 적용하기에는 무리가 있다. 여기에 최근의 저유가 기조, 글로벌 LNG 가격의 하락, 국제 및 국내 가스 수요의 둔화 등 급변하는 에너지 시장의 여건도 고려해야 할 과제에 포함된다.

(나) 그러나 이러한 난제들이 신기후체제에서 천연가스의 역할에 대한 기대를 본질적으로 바꿀 수는 없을 것이다. 국가의 에너지 선택은 경제성장, 수급 여건, 인프라, 연관 산업 등과 광범위하고도 매우 밀접한 영향을 주고받는다. 이러한 이유로 단시간 내에 한 국가의 에너지 정책에 있어 획기적인 변화의 예는 찾아보기 어려웠다. 이제 그 어려운 에너지 선택에서 신기후체제라는 새로운 제약조건이 국제 사회의 전면에서 부각되고 있는 것이다. 파리협약 타결 초기에 팽배했던 국제사회의 동조와 자발적인 참여 등 협약의 이행상 구속력에 대한 불투명성이 빠른 속도록 해소되고 있다. 우리나라가 이미 표방한 온실가스 감축 목표 달성이 전제되는 한, 국가 에너지 정책상 선택은 더 이상 석탄이냐 가스냐 하는 양자택일의 문제를 넘어선지 오래이다. 수급 안정성과 경제성 측면에서 천연가스의 역할에 대한 잠재력을 최대한 실현하는 정책의지와 구체적인 이행 방안이 위에서 언급한 여러 에너지 정책에 효과적으로 반영되어야 할 것이다.

(다) 천연가스가 화석연료라는 큰 틀에서 공통의 감축 대상임은 분명하지만, 천연가스는 석유와 석탄 대비 오염물질과 온실가스 배출량이 낮고, 발전소 건설이 용이하며, 운영상의 부하추종이 용이하다는 경쟁력이 있다. 천연가스가 온실가스 배출량 감축의 실행적인 측면에서 석유, 석탄 등 기존의 주요 화석 에너지를 대체하는 에너지원이라는 점이 미국, EU 등 주요국의 사례에서 확인되고 있다. 이런 이유로 새로이 시작되는 신기후체제에서 석탄을 가스로 대체하려는 움직임은 당연한 방향으로 여겨지고 있다. 또한 궁극적으로 신재생에너지로의 전환과정에서 필수불가결한 _____을 담당하는 에너지원으로서 국가에너지 믹스에서 역할이 더욱 기대되고 있다.

37 지문을 논리적 순서대로 바르게 나열한 것은?

① (다) − (가) − (나)　　　　　② (다) − (나) − (가)
③ (나) − (가) − (다)　　　　　④ (나) − (다) − (가)
⑤ (가) − (나) − (다)

38 빈칸에 들어갈 말로 알맞은 것은?

① 심의 역할　　　　　② 가교 역할
③ 대체 역할　　　　　④ 리더 역할
⑤ 필수 역할

39 제시된 지문의 주제로 적절한 것은?

① 신재생에너지로서의 천연가스
② 신기후체제에 맞선 천연가스의 반란
③ 화석연료의 오해와 진실
④ 국가 에너지 믹스에서 천연가스 역할
⑤ 신기후체제의 신재생에너지

40 윤부장은 이번 주 교육시간이 끝나고 막간을 이용해 한자성어 몇 가지를 말할 생각이다. 윤부장이 정리한 자료 중 수정이 필요한 내용은 무엇인가?

① 겉과 속이 너무 다른 사람은 가까이 하지 말아야 해. : 부화뇌동(附和雷同)
② 전부터 사려던 물건이어서 관심을 보였더니 받을 수 있는 혜택들이라면서 엄청 강조하다가 막상 사려고 결정하니까 말을 은근슬쩍 바꾸는 거 있지. : 조삼모사(朝三暮四)
③ 자기의 속마음까지 알아주는 친구가 있다는 것은 정말 행복한 거야. : 지음(知音)
④ 손바닥 뒤집듯이 말을 너무 쉽게 바꾸는 것은 매우 나쁜 습관이야. : 여반장(如反掌)
⑤ 힘들어도 참고 견디더니 잘 돼서 진짜 다행이야. : 고진감래(苦盡甘來)

합격의공식
SD에듀

www.sdedu.co.kr

5권

L-TAB 롯데그룹

정답 및 해설

도서 동형 온라인 모의고사 4회 쿠폰번호

APIR-00000-BE8AF

※ 위 쿠폰을 등록하면 4회분의 도서 동형 온라인 모의고사를 응시할 수 있습니다.

온라인 모의고사 무료쿠폰

APIQ-00000-44AD5
(2회분 수록)

[쿠폰 사용 안내]

1. 합격시대 홈페이지(www.sdedu.co.kr/pass_sidae_new)
   에 접속합니다.
2. 홈페이지 상단 '1회 무료 이용권' 배너를 클릭합니다.
3. 쿠폰번호를 등록합니다.
4. 내강의실 > 모의고사 > 합격시대 모의고사 클릭 후 응시합니다.

※ 본 쿠폰은 등록 후 30일간 이용 가능합니다.
※ iOS / macOS 운영체제에서는 서비스되지 않습니다.

AI면접 1회 무료쿠폰

AQB-82534-00280

[쿠폰 사용 안내]

1. 도서의 쿠폰번호를 확인합니다.
2. AI모의면접 **WiN시대로**(www.winsidaero.com)에 접속합니다.
3. 회원가입 후 홈페이지 우측의 [이벤트]를 클릭합니다.
4. 쿠폰번호를 정확히 입력합니다.
5. 쿠폰 등록을 완료한 후, [마이페이지]에서 이용권을 사용하여 면접을 실시합니다.

※ 무료쿠폰으로 응시한 면접에는 제한된 리포트가 제공됩니다.
※ 본 쿠폰은 등록 후 7일간 사용 가능합니다.

끝까지 책임진다! SD에듀!

QR코드를 통해 도서 출간 이후 발견된 오류나 개정법령, 변경된 시험 정보, 최신기출문제, 도서 업데이트 자료 등이 있는지 확인해 보세요! **시대에듀 합격 스마트 앱**을 통해서도 알려 드리고 있으니 구글 플레이나 앱 스토어에서 다운받아 사용하세요. 또한, 파본 도서인 경우에는 구입하신 곳에서 교환해 드립니다.

제1회 모의고사 정답 및 해설

01	02	03	04	05	06	07	08	09	10
③	②	④	③	②	④	④	③	⑤	④
11	12	13	14	15	16	17	18	19	20
②	⑤	③	③	②	③	①	②	③	①
21	22	23	24	25	26	27	28	29	30
③	④	②	②	③	④	④	②	④	④
31	32	33	34	35	36	37	38	39	40
②	④	③	③	②	③	③	⑤	④	④

01
정답 ③

오답분석

① '소외 계층'이라는 특정 계층에 대한 차별적 표현이 사용된 문장이므로 쉬운 공공언어 쓰기 길라잡이 1. – 나 항목에 어긋난다.
② '글로벌, 글로벌 네트워크, 글로벌 스탠더드' 등 외국어를 남용하였으므로 쉬운 공공언어 쓰기 길라잡이 2. – 나 항목에 어긋난다.
④ 스스로 움직이지 않는 사물이나 추상적 대상인 '설문조사 결과'가 능동적인 행위인 '말해 주다'의 주어로 나오는 것은 영어 번역투 표현에 해당하므로 쉬운 공공언어 쓰기 길라잡이 3. – 바항목에 어긋난다.
⑤ '적극 이용 바랍니다.'와 같이 명사 나열 표현은 피해야 하므로 쉬운 공공언어 쓰기 길라잡이 3. – 사 항목에 어긋난다.

02
정답 ②

L사의 전체 평균점수를 구하면 $0.1 \times 85 + 0.9 \times 60 = 8.5 + 54 = 62.5$점이다.

03
정답 ④

- 상토적인 → 상투적인
- 다드머 → 다듬어
- 줄림말 → 줄임말
- 호웅하는가 → 호응하는가
- 베열되어 → 배열되어
- 전개되는가 → 전개되는가

04
정답 ③

먼저 D과장이 우수직원으로 선정되지 않으면 A사원이 우수직원으로 선정된다는 전제($\sim$D → A)에 따라 적어도 A사원은 우수직원으로 선정될 것이라고 하였으므로 'D과장이 우수직원으로 선정되지 않는다($\sim$A).'는 내용의 전제가 추가되어야 함을 알 수 있다. 따라서 보기 중 D과장과 관련된 내용의 전제인 ㄴ이 반드시 추가되어야 한다. 이때, 'C사원이 선정되면 D과장은 선정되지 않는다(C → $\sim$D).'고 하였으므로 'C사원은 선정된다(C).'는 전제 ㄷ도 함께 필요한 것을 알 수 있다. 결국 ㄴ과 ㄷ이 전제로 추가되면, 'C사원이 선정됨에 따라 D과장은 선정되지 않으며, D과장이 선정되지 않으므로 A사원이 선정된다(C → $\sim$D → A).'가 성립한다.

05
정답 ②

김어진 대리가 메일에 첨부한 파일은 사내 에너지 절약을 위해 개별 단위로 실천할 수 있는 행동을 담은 포스터로 김대리는 이를 개인 책상 앞에 부착하도록 권유하였다. 따라서 개인적인 공간에서 실천할 수 있는 ②의 오탈자 확인이 포스터에 포함될 내용으로 가장 적절하다.

오답분석

① · ③ · ④ · ⑤ 공공장소에 실천할 수 있는 공동 단위의 에너지 절약 실천 행동이다.

06
정답 ④

제시된 다섯 가지 조건을 차례대로 수식화하면 다음과 같다.
A−C, A−B−D, B&D−C, D−E, A−E−C
이를 정리하면 진행순서는 'A − B − D − E − C'이다.
따라서 세 번째로 워크숍을 진행하는 부서는 D부서이다.

07

정답 ④

구서준 팀장이 예약한 숙소 방의 개수를 x개라고 가정하자. 결과에 따라 사원 총인원에 대한 방정식을 세우면 다음과 같다.

$5x+9=7(x-3)$

$\rightarrow 5x+9=7x-21$

$\rightarrow 2x=30$

$\therefore x=15$

따라서 예약한 방의 개수는 15개이며, 워크숍을 가는 총사원수는 $5\times15+9=84$명이다.

08

정답 ③

메일에서는 영업팀의 실적 미입력자의 경우 인트라넷에 영업실적을 입력하도록 요청하고 있다. 따라서 영업 2팀의 실적을 수기 입력한 파일을 송부하는 ③이 가장 관련성이 낮다.

09

정답 ⑤

주어진 조건에 따라 시각별 고객 수의 변화 및 각 함께 온 일행들이 앉은 테이블을 정리하면 다음과 같다.

(단위 : 명)

시각	새로운 고객	기존 고객	시각	새로운 고객	기존 고객
09:20	2(2인용)	0	15:10	5(6인용)	4(4인용)
10:10	1(4인용)	2(2인용)	16:45	2(2인용)	0
12:40	3(4인용)	0	17:50	5(6인용)	0
13:30	5(6인용)	3(4인용)	18:40	6(퇴장)	5(6인용)
14:20	4(4인용)	5(6인용)	19:50	1(2인용)	0

오후 3시 15분에는 오후 3시 10분에 입장하여 6인용 원탁에 앉은 5명 고객과 오후 2시 20분에 입장하여 4인용 원탁에 앉은 4명의 고객까지 총 9명의 고객이 카페에 앉아 있다.

10

정답 ④

주어진 조건에 따라 시간대별 고객 수의 변화 및 각 함께 온 일행들이 앉은 테이블을 정리하면 **09**번 해설의 표와 같다.

ㄴ. 오후 6시 40분에 입장한 일행은 6인용 원탁에만 앉을 수 있으나, 5시 50분에 입장한 일행이 사용 중이어서 즉시 퇴장하였다.

ㄹ. 오후 2시 정각에는 6인용 원탁에만 고객이 앉아있다.

오답분석

ㄱ. 오후 6시에는 오후 5시 50분에 입장한 고객 5명이 있다.

ㄷ. 오전 9시 20분에 2명, 오전 10시 10분에 1명, 총 3명이 방문하였다.

11

정답 ②

먼저 어른들이 원탁에 앉는 경우의 수는 $(3-1)!=2$가지이다. 그리고 어른들 사이에 아이들이 앉는 경우의 수는 $3!=6$가지이다. 따라서 원탁에 앉을 수 있는 모든 경우의 수는 $2\times6=12$가지이다.

12

정답 ⑤

주어진 조건을 종합하면 5명이 주문한 음료는 아메리카노 3잔, 카페라테 1잔, 생과일주스 1잔이다. 아메리카노 1잔의 가격을 a원, 카페라테 1잔의 가격을 b원이라고 할 때, 다음과 같은 식이 성립한다.

• 다섯 번째를 제외한 모든 조건 : $a\times3+b+5,300=21,300$

　$\rightarrow 3a+b=16,000$ ⋯ ㉠

• 다섯 번째 조건 : $a+b=8,400$ ⋯ ㉡

㉠과 ㉡을 연립하여 풀면 $a=3,800$, $b=4,600$이므로 아메리카노 한 잔의 가격은 3,800원, 카페라테 한 잔의 가격은 4,600원이다.

13

정답 ③

손가락에 있는 센서들은 물건이 미끄러지는 것을 감지하면 스스로 손가락의 힘을 더 높일 수 있다고 하였다. 따라서 힘을 빼는 것은 적절하지 않다.

14

정답 ③

빈칸 앞의 내용에 따르면 보편적으로 사용되는 관절 로봇은 손가락의 정확한 배치와 시각 센서 등을 필요로 한다. 그러나 빈칸 뒤에서 H의 경우, 손가락이 물건에 닿을 때까지 다가가 촉각 센서를 통해 물건의 위치를 파악한 뒤 손가락 위치를 조정한다고 하였다. 즉, H의 손가락은 관절 로봇의 손가락과 달리 정확한 위치 지정을 필요로 하지 않는다. 따라서 빈칸에 들어갈 내용으로 ③이 가장 적절하다.

오답분석

① 물건을 쥐기 위한 고가의 센서 기기 및 시각센서를 필요로 하는 관절 로봇과 달리 H는 손가락의 촉각 센서로 손가락 힘을 조절하여 사물을 쥔다.

② H의 손가락은 공기압을 통해 손가락을 구부리지만, 기존 관절보다 쉽게 구부러지는지는 알 수 없다.

④ㆍ⑤ 물건과의 거리와 물건의 무게는 H의 손가락 촉각 센서와 관계가 없다.

15 정답 ②

첫 번째, 두 번째 조건에 따라 로봇은 '3번 – 1번 – 2번 – 4번' 또는 '3번 – 2번 – 1번 – 4번' 순서로 전시되어 있으며, 사용 언어는 세 번째, 네 번째, 다섯 번째 조건에 따라 '중국어 – 영어 – 한국어 – 일본어' 또는 '일본어 – 중국어 – 영어 – 한국어' 순이다. 제시된 조건에 의해 3번 로봇의 자리가 정해지게 되는데, 3번 로봇은 일본어를 사용하지 않는다고 하였으므로 사용 언어별 순서는 '중국어 – 영어 – 한국어 – 일본어' 순이다. 또한, 2번 로봇은 한국어를 사용하지 않는다고 하였으므로 '3번 – 2번 – 1번 – 4번' 순서이다. 따라서 3번 로봇이 가장 왼쪽에 위치해 있다.

오답분석
① 1번 로봇은 한국어를 사용한다.
③ 4번 로봇은 일본어를 사용한다.
④ 중국어를 사용하는 3번 로봇은 영어를 사용하는 2번 로봇의 옆에 위치해 있다.
⑤ 2번 로봇은 영어를 사용한다.

16 정답 ③

주어진 조건을 표로 정리하면 다음과 같다.

구분	한국어	영어	독일어	프랑스어	중국어
A	○	○	×	×	×
B	×	○	○	×	×
C	○	×	×	○	×
D	×	×	×	○	○

따라서 B와 D는 서로 언어가 통하지 않는다.

오답분석
①은 영어, ②는 한국어, ④는 프랑스어로 서로 대화할 수 있다.

17 정답 ①

비-REM수면의 수면 진행 과정을 측정되는 뇌파에 따라 4단계로 나누어 설명하고 있다.

18 정답 ②

분당 2~5번 정도 나타나는 뇌파는 수면방추이며, 수면방추는 세타파 중간마다 마치 실이 감겨져 있는 것처럼 촘촘한 파동의 모습을 보인다. 세타파 사이사이에 아래위로 삐죽하게 솟아오르는 모습을 보이는 뇌파는 K-복합체로, K-복합체의 정확한 주기는 제시문에 나타나 있지 않다.

19 정답 ③

수면 단계에서 측정되는 뇌파들을 고려할 때 보기의 사람이 잠에서 깨는 것을 방지해 주는 역할을 하여 깊은 수면을 유도하는 '이것'은 © 앞에서 설명하는 'K-복합체'임을 알 수 있다. 즉, K-복합체는 수면 중 갑작스러운 소음이 날 때 활성화되어 잠자는 사람이 소음으로 인해 깨는 것을 방지해 준다.

20 정답 ①

'늦잠을 잠 : p', '부지런함 : q', '건강함 : r', '비타민을 챙겨먹음 : s'라 하면, 각각 '$\sim p \rightarrow q$', '$p \rightarrow \sim r$', '$s \rightarrow r$'이다. 어떤 명제가 참이면 그 대우도 참이므로, 첫 번째·세 번째 명제와 두 번째 명제의 대우를 연결하면 '$s \rightarrow r \rightarrow \sim p \rightarrow q$'가 된다. 따라서 '$s \rightarrow q$'는 참이다.

오답분석
② $s \rightarrow q$의 역이며, 참인 명제의 역은 참일 수도, 거짓일 수도 있다.
③ $p \rightarrow s$이므로 참인지 거짓인지 알 수 없다.
④ $\sim p \rightarrow q$의 이이며, 참인 명제의 이는 참일 수도, 거짓일 수도 있다.
⑤ $r \rightarrow q$의 역이며, 참인 명제의 역은 참일 수도, 거짓일 수도 있다.

21 정답 ③

모든 식물이 아닌 전체 식물의 90%가 피보나치 수열의 잎차례를 따르고 있다.

22 정답 ④

①은 첫 번째 문단, ②는 두 번째 문단, ③은 여섯 번째 문단, ⑤는 다섯 번째 문단에 대한 내용으로 기사 전체에 대한 제목으로는 적절하지 않다. 제시된 기사는 피보나치 수열과 식물에서 나타나는 피보나치 수열을 설명하고 있으므로 기사의 제목으로 ④가 가장 적절하다.

23 정답 ②

⊙은 '진리, 가치, 옳고 그름 따위가 판단되어 드러나 알려지다.'의 의미로 사용된 것이다. ②는 '드러나게 좋아하다.'의 의미로 사용되었다.

24 정답 ②

앞의 두 항의 합이 다음 항이 되는 피보나치 수열이다.
따라서 (　)=5+8=13이다.

25 정답 ③

보험료율이 사고 발생 확률보다 높으면 구성원 전체의 보험료 총액이 보험금 총액보다 더 많고 그 반대의 경우, 즉 사고 발생 확률이 보험료율보다 높은 경우에는 구성원 전체의 보험료 총액이 보험금 총액보다 더 적게 된다.

26　　　　　　　　　　　　정답 ④

•보전(補塡) : 부족한 부분을 보태어 채움
•보존(保存) : 잘 보호하고 간수하여 남김

오답분석

① 대처(對處) : 어떤 정세나 사건에 대하여 알맞은 조치를 취함
② 인접(隣接) : 이웃하여 있음 또는 옆에 닿아 있음
③ 상당(相當) : 일정한 액수나 수치 따위에 해당함
⑤ 예방(豫防) : 질병이나 재해 따위가 일어나기 전에 미리 대처하여 막는 일

27　　　　　　　　　　　　정답 ④

8월 태경이의 실적 건수를 x건, 건희의 실적 건수를 y건이라고 하면 다음과 같은 식이 성립한다.
$x+y=27 \cdots \bigcirc$
9월에 태경이의 실적 건수는 전월 대비 20% 증가한 $1.2x$건이고, 건희의 실적 건수는 25% 감소한 $0.75y$건이므로 다음과 같은 식이 성립한다.
$1.2x+0.75y=27 \rightarrow 8x+5y=180 \cdots \bigcirc$
$\bigcirc$과 $\bigcirc$을 연립하면 $x=15$, $y=12$이다.
따라서 태경이의 9월 실적 건수는 $1.2x=1.2 \times 15=18$건이다.

28　　　　　　　　　　　　정답 ②

L사의 최소 서류 지원자를 x명이라고 하자. 면접을 볼 수 있는 최종 합격자 250명의 2배를 필기시험에서 뽑고, 면접시험 자격이 주어지는 인원의 4.5배수가 서류 지원자 중 필기시험에 응시할 수 있는 인원이므로 다음과 같은 식이 성립한다.
$x=250 \times 2 \times 4.5=2,250$
따라서 L사에 지원하는 서류 지원자는 최소 2,250명이다.

29　　　　　　　　　　　　정답 ④

제시문은 예비 조건, 진지성 조건, 기본 조건 등 화행 이론에서 말하는 발화의 적절성 조건을 설명하고 있다. (나) 문단의 첫 문장 '발화의 적절성 판단은 상황에 의존하고 있다.'는 발화가 적절한지는 그 발화가 일어난 상황에 따라 달라진다는 뜻이다.

30　　　　　　　　　　　　정답 ④

제시문은 구체적인 사례를 제시함으로써 발화의 적절성 조건에 대한 독자의 이해를 돕고 있다. (라) 문단은 (다) 문단과는 또 다른 경우를 설명하고 있으므로 앞의 (다) 문단과 대등한 관계를 이룬다.

31　　　　　　　　　　　　정답 ②

보기 2에서 '딸'은 '아빠'가 '집보다 큰 곰 인형'을 사올 수 없다고 생각한다. 즉, 청자는 화자가 행위를 수행할 능력이 없다고 판단하고 있다. 하지만 '아들'은 '아빠'가 '집보다 큰 곰 인형'을 사올 수 있다고 생각하기에 "아빠, 나도 사 줘."라고 말하고 있다. 즉, 예비 조건을 어기지 않은 요청을 한 것이다. 그러나 '엄마'와 '할머니'가 '집보다 큰 곰 인형'이 아닌 다른 선물을 언급한 것은 '딸'의 경우처럼 '아빠'가 '집보다 큰 곰 인형'을 사올 수 없다고 생각하기 때문이며, 따라서 예비 조건에 부합하지 않는다.

32　　　　　　　　　　　　정답 ④

주문한 피자, 치킨, 햄버거 개수를 각각 x, y, z개라고 하자(x, y, $z \geq 1$).
$x+y+z=10 \cdots \bigcirc$
그리고 주문한 치킨 개수의 2배만큼 피자를 주문했으므로
$x=2y \cdots \bigcirc$
$\bigcirc$과 $\bigcirc$을 연립하면 $3y+z=10$이고, 이를 만족하는 경우는 $(y, z)=(1, 7)$, $(2, 4)$, $(3, 1)$이며, 이때 $x=2$, 4, 6이다.
이에 따른 x, y, z 각각의 총금액은 다음과 같다.

(단위 : 개)

피자	치킨	햄버거	총금액
2	1	7	$10,000 \times 2+7,000 \times 1+5,000 \times 7=$ 62,000원
4	2	4	$10,000 \times 4+7,000 \times 2+5,000 \times 4=$ 74,000원
6	3	1	$10,000 \times 6+7,000 \times 3+5,000 \times 1=$ 86,000원

따라서 가장 큰 금액과 적은 금액의 차이는 $86,000-62,000=$ 24,000원이다.

33　　　　　　　　　　　　정답 ③

현재 충남에는 20곳의 배달점이 있으며, 정부는 올해 안으로 30곳을 추가로 설치할 계획이다. 따라서 추가로 설치될 배달점을 포함하면 올해 충남의 배달점은 총 50곳이 될 예정이다.

34　　　　　　　　　　　　정답 ③

•조종(操縱) : 비행기나 선박, 자동차 따위의 기계를 다루어 부림
•방침(方針) : 앞으로 일을 치러 나갈 방향과 계획
•소요(所要) : 필요로 하거나 요구되는 바

오답분석

•조정(調整) : 어떤 기준이나 실정에 맞게 정돈함
•지침(指針) : 생활이나 행동 따위의 지도적 방법이나 방향을 인도하여 주는 준칙
•소모(消耗) : 써서 없앰

35

정답 ②

주문한 내역을 표로 정리하면 다음과 같다.

구분	종류 1	색상 1	종류 2	색상 2
지영	장미꽃	분홍색	안개꽃	빨간색
민지	장미꽃	분홍색	안개꽃	흰색
진아	장미꽃	빨간색	안개꽃	빨간색
윤지	목화꽃	흰색	안개꽃	흰색

따라서 분홍색 장미꽃과 흰색 안개꽃을 받게 될 사람은 지영이다.

36

정답 ③

출발지에서 목적지까지 거리를 $x$km라고 하자.

· 목적지까지 가는 데 걸리는 시간 : $\dfrac{x}{80}$ 시간

· 목적지에서 돌아오는 데 걸리는 시간 : $\dfrac{x}{120}$ 시간

$\dfrac{x}{80} + \dfrac{x}{120} \leq 1$

$\rightarrow 5x \leq 240$

$\therefore x \leq 48$

따라서 목적지는 출발지에서 최대 48km 떨어져 있어야 한다.

37

정답 ③

발급 신청단계에서 '훈련수강 신청(훈련기관)'이라고 쓰여 있으므로 신청은 훈련받을 기관에 가서 신청함을 알 수 있다.

오답분석

① 금액적인 지원 부분에 대한 상세 내용은 적혀있지 않다.
② '구직신청을 한 만 15세 이상의 실업자'도 대상이기 때문에 가능하다.
④ '비진학 예정의 고교 3학년 재학생(소속학교장의 인정 필요)'으로 학년의 제한이 있다.
⑤ '1차 상담'에서 거주지 관할 고용센터 방문이라고 되어 있기 때문에 거주지인 사당 관할 고용센터를 방문하면 된다.

38

정답 ⑤

제출 서류품목에 보면 필수항목 2개, 선택 4개이다. 필수항목 외에 2차 상담에서 필요한 서류를 보면 신분증, 동영상 시청 확인증(출력), 본인명의 통장 3가지 서류가 추가로 총 5개가 필요하다. 여기에 [선택]은 4개가 있지만 김씨는 취업을 목적이기 때문에 '자영업 활동 내역서(창업 목적용)'는 필요하지 않으므로 [선택]은 최대 3개가 될 수 있다.
또한 2차 상담이 진행되는 동안 직업심리검사를 받아야 한다고 한다면 이를 증빙할 서류 1개가 더 필요하기 때문에 최종적으로 최대 5+3+1=9개가 된다.

오답분석

① 1차 기초상담은 선택사항으로 본인이 필요한 서류를 지참하여 2차 상담을 곧바로 받을 수 있다.
② 필수항목인 온라인 강좌를 듣기 위해서는 회원가입이 되어 있어야 한다.
③ 2차 상담 전에 반드시 '훈련안내 동영상'을 시청하고, 시청확인증을 출력해야 한다.
④ 2차 상담에 반드시 필요한 서류 5개(신분증, 개인정보 수집이용 동의서, 내일배움카드발급신청서, 동영상 시청 확인증(출력), 본인명의 통장(신한, 농협, 우리, 제일, 우체국 중 1개)와 2차 상담에서 직업심리검사를 받아야 한다면 이를 증빙할 서류 1개(직업심리검사(고용센터에서 요구한 경우) ▶ 결과출력)까지 총 6개이다.

39

정답 ④

작년 남자 채용 인원수를 x명, 여자 인원수를 y명이라고 하자.
$x + y = 500 \cdots \bigcirc$
$0.9x + 1.4y = 500 \times 1.08 \rightarrow 0.9x + 1.4y = 540 \cdots \bigcirc$
$\bigcirc$과 $\bigcirc$을 연립하면 $x = 320$, $y = 180$이다.
따라서 작년 남자 채용 인원수는 320명이다.

40

정답 ④

지하철에는 D를 포함한 두 사람이 타는데, B가 탈 수 있는 교통수단은 지하철뿐이므로 지하철에는 D와 B가 타며, 둘 중 한 명은 라 회사에 지원했다. 또한, 어떤 교통수단을 선택해도 지원한 회사에 갈 수 있는 E는 버스와 택시로 서로 겹치는 회사인 가 회사를 지원했음을 알 수 있다. 한편, A는 다 회사를 지원했고 버스와 택시를 타야 하는데, 택시를 타면 다 회사에 갈 수 없으므로 A는 버스를 탄다. 따라서 C는 나 또는 마 회사를 지원했음을 알 수 있으며, 택시를 타면 갈 수 있는 회사 중 가 회사를 제외하면 버스로 갈 수 있는 회사와 겹치지 않으므로, C는 택시를 이용한다.

제2회 모의고사 정답 및 해설

01	02	03	04	05	06	07	08	09	10
①	③	④	③	③	④	①	④	③	④
11	12	13	14	15	16	17	18	19	20
①	③	①	③	④	⑤	②	①	④	④
21	22	23	24	25	26	27	28	29	30
③	②	①	④	③	②	⑤	②	⑤	④
31	32	33	34	35	36	37	38	39	40
③	④	③	④	④	③	②	⑤	①	③

01
정답 ①

현장수요기반 컨설팅 지원 대상은 기존에는 다른 업종에 종사하였으나, 의료기기 및 의료기기로 업종 전환을 희망하는 기업이므로 이미 개발된 의료기기를 보유하고 있지 않아도 된다.

02
정답 ③

서류 준비와 관련된 문의 내용으로는 ③이 가장 적절하다.

오답분석

① · ② · ④ · ⑤ 제시문의 내용은 서류 준비와 관련이 없다.

03
정답 ④

세 번째 조건에서 C>D가 성립하고, 네 번째와 다섯 번째 조건에 의해 C=E>B=D가 성립한다. 그러므로 점수가 높은 순서대로 나열하면, C · E>B · D가 되고 두 번째 조건에 의해 A와 B는 같이 선정되거나 같이 탈락한다고 하였으므로 둘 다 탈락한다. 따라서 합격한 사람은 C기업과 E기업이다.

04
정답 ③

A, B, C, D연구원의 나이를 각각 a, b, c, d살이라고 하자.

$a+d-5=b+c \cdots$ ㉠

$c=a-2 \cdots$ ㉡

$d=a+5 \cdots$ ㉢

A연구원이 30세라고 하였으므로 ㉡, ㉢에서 각각 C연구원은 30−2=28살이고, D연구원은 30+5=35살임을 알 수 있다. ㉠에 A, C, D연구원 나이를 대입하면 다음과 같다.

$30+35-5=b+28$

∴ $b=32$

따라서 B연구원의 나이는 32세이다.

05
정답 ③

일반인은 3개 이내 관광상품 아이디어가 대상이기 때문에 한두 개만 제출해도 된다.

오답분석

① 문화체육관광부, 한국관광공사가 주최하는 공모전이다.
② 해외 소재의 한국관광상품 개발 및 판매 여행사만 참여 가능하다.
④ 여행사 기획상품은 해외지사를 통해 홍보될 예정이다.
⑤ 상품의 독창성, 상품개발의 체계성뿐만 아니라 가격의 적정성도 평가 기준에 속한다.

06
정답 ④

공모전의 추진목적은 지속가능하며 한국관광에 기여할 수 있는 상품의 개발이므로 ④는 추진목적에 따른 상품기획 소재로 적합하지 않다.

07
정답 ①

대상 수상자 한 명에게 지급될 금액을 x원이라고 하자.

이때, 최우수상 한 명에게 지급될 금액은 $\frac{1}{2}x$원, 우수상 한 명에게 지급될 금액은 $\frac{1}{2}x \times \frac{2}{3} = \frac{1}{3}x$원이다.

$5x+10 \times \frac{1}{2}x+15 \times \frac{1}{3}x=45,000,000$

$\rightarrow 15x=45,000,000$

∴ $x=3,000,000$

따라서 대상 한 명에게 지급될 금액은 300만 원이다.

08

정답 ④

주어진 조건을 정리해보면 다음과 같다.

구분	미국	영국	중국	프랑스
올해	D	C	B	A
작년	C	A	D	B

따라서 항상 참인 것은 ④이다.

09

정답 ③

L사의 모든 컴퓨터는 점검 또는 수리만 하였기 때문에 컴퓨터 수와 맡긴 업체의 비용을 계산하면 알 수 있다. 3월은 다 업체가 맡았고, 총비용이 2,000,000원, 컴퓨터 수가 25대이기 때문에 컴퓨터 1대당 80,000원의 비용이 드는 수리를 하였다.

10

정답 ④

가 업체에 수리 및 점검을 담당한 것은 1월과 4월이다.
- 1월 근무 시간(수리) : 컴퓨터 수(15대)×시간(40분)=600분
- 4월 근무 시간(점검) : 컴퓨터 수(5대)×시간(30분)=150분

따라서 총 750분을 일하였으므로 12시간 30분에 해당하는 금액인 30,000×12+30,000×0.5=375,000원이다.

11

정답 ①

B사원은 월 ~ 금요일까지만 근무하므로 A사원이 7월 중 월 ~ 금요일에 근무한 날이 함께 근무한 날이다.

A사원은 이틀간 근무하고 하루 쉬기를 반복하므로 7월에 일하는 경우는 3가지이다.
- 6월 30일에 쉬고, 7월 1일부터 근무하는 경우 : A사원이 7월에 21일을 근무하게 된다. (×)
- 6월 29일에 쉬고, 6월 30일과 7월 1일에 근무하는 경우 : A사원이 7월에 21일을 근무하게 된다. (×)
- 7월 1일에 쉬고, 7월 2일부터 근무하는 경우 : A사원이 7월에 20일을 근무하게 된다. (○)

〈7월 달력〉

일	월	화	수	목	금	토
	1	2	3	4	5	6
7	8	9	10	11	12	13
14	15	16	17	18	19	20
21	22	23	24	25	26	27
28	29	30	31			

따라서 A사원이 7월 2일부터 근무하는 경우 월 ~ 금요일까지 15일을 근무하므로 A사원과 B사원이 7월에 함께 근무한 날은 총 15일이다.

12

정답 ③

주어진 조건에 따라 네 명의 직원이 함께 탄 5인승 택시의 자리는 다음과 같다.

- 경우 1

택시 운전기사		• 소속 : 디자인팀 • 직책 : 과장 • 신발 : 노란색
• 소속 : 연구팀 • 직책 : 대리 • 신발 : 흰색 또는 연두색	• 소속 : 홍보팀 • 직책 : 부장 • 신발 : 검은색	• 소속 : 기획팀 • 직책 : 사원 • 신발 : 흰색 또는 연두색

- 경우 2

택시 운전기사		• 소속 : 디자인팀 • 직책 : 과장 • 신발 : 노란색
• 소속 : 기획팀 • 직책 : 사원 • 신발 : 흰색 또는 연두색	• 소속 : 홍보팀 • 직책 : 부장 • 신발 : 검은색	• 소속 : 연구팀 • 직책 : 대리 • 신발 : 흰색 또는 연두색

따라서 '과장은 노란색 신발을 신었다.'는 ③은 항상 참이 된다.

오답분석

① 택시 운전기사 바로 뒤에는 사원 또는 대리가 앉을 수 있다.
② 부장은 뒷좌석 가운데에 앉는다.
④ 부장 옆에는 대리와 사원이 앉는다.
⑤ 사원은 흰색 또는 연두색 신발을 신었다.

13

정답 ①

필기점수와 면접점수의 합을 바탕으로 순위를 구하면 다음과 같다. 이때, 동점자일 경우 면접점수가 높은 사원이 먼저 배정된다.

(단위 : 점, 위)

구분	필기점수	면접점수	합계	순위
A사원	70	40	110	10
B사원	90	80	170	3
C사원	60	70	130	8
D사원	100	50	150	4
E사원	80	90	170	2
F사원	80	100	180	1
G사원	50	60	110	9
H사원	60	80	140	5
I사원	70	70	140	6
J사원	90	50	140	7

순위를 바탕으로 1지망을 배정하면 다음과 같다.

구분	1지망	2지망	추천부서	배정부서
F사원	개발부	영업부	홍보부	개발부
E사원	홍보부	총무부	총무부	홍보부
B사원	개발부	총무부	사업부	개발부
D사원	영업부	홍보부	개발부	영업부
H사원	총무부	사업부	영업부	총무부
I사원	홍보부	개발부	총무부	홍보부
J사원	홍보부	영업부	총무부	–
C사원	영업부	개발부	영업부	영업부
G사원	영업부	사업부	사업부	–
A사원	개발부	사업부	홍보부	–

1지망에 배정된 인원을 제외하고 2지망에 배정하면 다음과 같다.

구분	1지망	2지망	추천부서	배정부서
J사원	홍보부	영업부	총무부	–
G사원	영업부	사업부	사업부	사업부
A사원	개발부	사업부	홍보부	사업부

마지막으로 J사원은 추천부서인 총무부에 배정이 된다. 따라서 B사원은 개발부에 배정된다.

14 정답 ③

추천부서와 배정부서를 정리하면 다음과 같다.

구분	추천부서	배정부서
A사원	홍보부	사업부
B사원	사업부	개발부
C사원	영업부	영업부
D사원	개발부	영업부
E사원	총무부	홍보부
F사원	홍보부	개발부
G사원	사업부	사업부
H사원	영업부	총무부
I사원	총무부	홍보부
J사원	총무부	총무부

따라서 C사원과 G사원, J사원의 추천부서와 배정부서가 일치한다.

15 정답 ④

4명의 평균점수가 80점이므로 총점은 $80 \times 4 = 320$점이다. 따라서 B사원의 점수는 $320 - 231 = 89$점이다.

16 정답 ⑤

영업부와 개발부에서 S등급과 C등급에 배정되는 인원은 같고, A등급과 B등급의 인원이 영업부가 개발부보다 2명씩 적다. 따라서 두 부서의 총 상여금 차이는 $(420 \times 2) + (330 \times 2) = 1,500$만 원이므로 옳지 않다.

오답분석

①·③ 개발부와 영업부의 등급별 배정인원은 다음과 같다.

구분	S	A	B	C
개발부	2	5	6	2
영업부	2	3	4	2

② A등급 1인당 상여금은 B등급 상여금보다 $\frac{420 - 330}{330} \times 100 ≒ 27.3\%$ 많다.

④ 개발부 15명에게 지급되는 총금액은 $(500 \times 2) + (420 \times 5) + (330 \times 6) + (290 \times 2) = 5,660$만 원이다.

17 정답 ②

국가기술자격 취득자 수는 2014년을 제외하고 그 수가 매년 증가하여 2012년 530,200명에서 2016년 670,178명으로 5년 동안 26.4%가 늘어났다. 즉, 2014년은 제외되므로 5년 동안 매년 증가하고 있다는 ②는 글의 내용으로 적절하지 않다.

18 정답 ①

'나침판'과 '나침반'은 모두 표준어이기 때문에 ㉠은 올바른 표기이므로 수정할 필요가 없다.

19 정답 ④

응시자 전체의 평균 점수를 m점이라 하면 불합격한 사람 20명의 평균 점수는 $(m-9)$점이고 합격한 사람 10명의 평균은 $[2(m-9)-33]$점이므로 다음과 같은 식이 성립한다.

$$\frac{10[2(m-9)-33] + 20(m-9)}{30} = m$$

$$\rightarrow 20m - 180 - 330 + 20m - 180 = 30m$$

$$\rightarrow 10m = 690$$

$$\therefore m = 69$$

따라서 전체 평균 점수는 69점이다.

20 정답 ④

수연과 윤수, 철수, 영희 순서로 점수가 높아진다. 영희는 90점, 수연이는 85점이므로 철수의 점수는 86점 이상 89점 이하이다.

21

정답 ③

민대리와 회사 동료들은 경주공항에 오전 10시 20분에 도착하여 수하물을 찾고 20분 후인 10시 40분에 공항에서 출발하여 렌터카 회사로 간다. 첫 번째 정보에서 같은 회사의 전기차 2대를 렌트한다고 했으므로 D렌터카와 E렌터카에서 전기차를 빌릴 경우의 비용을 계산한다.

마지막 정보에서 출장 이튿날(11일) 오후 7시에 반납한다고 했으며, 처음 기본 요금은 24시간이 적용되고 그 이후 시간에 따른 추가 요금을 알아야 한다.

D렌터카까지 공항에서 10분 걸리므로 오전 10시 50분부터 대여가 가능하고, E렌터카는 20분이 걸리므로 오전 11시부터 대여가 가능하다. 세 번째 정보에서 전기 충전시간 1시간을 제외하는 것을 고려하여 대여 시간 및 대여비를 구하면 다음과 같다.

구분	대여 시간	대여비(1대당)
D렌터카	10일 오전 10시 50분 ~ 11일 오후 7시 → (기본, 24시간)+(추가, 8시간 10분−1시간)	70,000+35,000 =105,000원
E렌터카	10일 오전 11시 ~ 11일 오후 7시 → (기본, 24시간)+(추가, 8시간−1시간)	66,000+36,000 =102,000원

전기차 1대당 연료비는 두 회사 모두 20×300=6,000원으로 같다. 따라서 1대당 대여비가 저렴한 곳이 E렌터카이며, 2대를 렌트할 때 지불해야 하는 비용은 (102,000+6,000)×2=216,000원이다.

22

정답 ②

제시된 자료를 토대로 민대리가 출장기간 동안 필요한 연료량과 연료비를 구하면 다음과 같다.

구분	필요한 연료량	연료	연료비
A렌터카	$\frac{200}{13}$ ≒15L	휘발유	15×1,240=18,600원
B렌터카	$\frac{200}{12}$ ≒17L	휘발유	17×1,240=21,080원
C렌터카	$\frac{200}{10}$ =20L	LPG	20×800=16,000원
D렌터카	$\frac{200}{6.5}$ ≒31kWh	전기	31×300=9,300원
E렌터카	$\frac{200}{6}$ ≒33kWh	전기	33×300=9,900원

따라서 B렌터카를 이용할 때 연료비가 21,080원으로 가장 비싸다.

23

정답 ①

B사원은 2층에 묵는 A사원보다 높은 층에 묵지만, C사원보다는 낮은 층에 묵으므로 3층 또는 4층에 묵을 수 있다. 그러나 D사원이 C사원 바로 아래층에 묵는다고 하였으므로 D사원이 4층, B사원이 3층에 묵는 것을 알 수 있다. 따라서 A~D사원을 높은 층에 묵는 순서대로 나열하면 'C−D−B−A'가 되며, E사원은 남은 1층에 묵는 것을 알 수 있다.

24

정답 ④

ⅰ) 6석 테이블
같은 지역에서 온 대표자는 같은 테이블에 앉을 수 없으므로 6석 테이블에는 5명이 앉는다.
ⅱ) 5석 테이블
광주에서 2명의 대표자가 방문했기 때문에 5석 테이블 한 개에는 4명이 앉는다.
ⅲ) 3석 테이블
광주를 제외한 4개국 대표자 중 3개국 대표자가 앉으면 된다.
따라서 최대 5+5+4+3+3=20명이 앉는다.

25

정답 ③

최은빈을 제외한 A대학졸업자 중 (서류점수)+(필기시험 점수)+(개인 면접시험 점수)를 구하면 다음과 같다.
• 이선빈 : 84+86+35=205점
• 유미란 : 78+88+32=198점
• 김지은 : 72+92+31=195점
• 이유리 : 92+80+38=210점
따라서 이선빈과 이유리가 B부서에 배치된다.
B부서 배치 후 나머지 세 사람(유미란, 김지은, 최은빈)의 그룹 면접시험 점수와 영어시험 점수 합을 구하면 다음과 같다.
• 유미란 : 38+80=118점
• 김지은 : 40+77=117점
• 최은빈 : 39+78=117점
따라서 유미란이 C부서에 배치되어 불합격자는 김지은, 최은빈이다.

26

정답 ②

변경된 직원 배치 규정에 따른 환산점수를 계산하면 다음과 같다.
• 이선빈 : 84×0.5+86+35=163점
• 유미란 : 78×0.5+88+38=165점
• 김지은 : 72×0.5+92+40=168점
• 최은빈 : 80×0.5+82+40=162점
• 이유리 : 92×0.5+80+38=164점
따라서 가장 점수가 낮은 응시자 2명인 이선빈, 최은빈이 불합격자가 된다.

27
정답 ⑤

올해 B부서원 25명의 평균 나이는 38세이므로, 내년 B부서원 25명의 평균 나이는 $\dfrac{25 \times 38 - 52 + 27}{25} + 1 = 38$세이다.

28
정답 ②

민사원과 안사원이 한 시간 동안 만들 수 있는 보고 자료는 각각 $\dfrac{30}{2}$장, $\dfrac{50}{3}$장이다. 둘이 보고자료를 함께 만드는 데 걸리는 시간을 x시간이라고 하면 다음과 같은 식이 성립한다.

$$\left(\dfrac{30}{2} \times 0.9 + \dfrac{50}{3} \times 0.9 \right) \times x = 120$$

$$\to \dfrac{171}{6} x = 120$$

$$\therefore x = \dfrac{80}{19}$$

따라서 두 사원이 함께 자료를 만드는 데 걸리는 시간은 $\dfrac{80}{19}$ 시간이다.

29
정답 ⑤

패시브 하우스는 남쪽으로 크고 작은 창을 많이 내며, 실내의 열을 보존하기 위하여 3중 유리창을 설치한다.

30
정답 ④

기존의 화석연료를 변환하여 이용하는 것도 액티브 기술에 포함된다.

오답분석

① 패시브 기술은 능동적으로 에너지를 끌어다 쓰는 액티브 기술과 달리 수동적이다. 따라서 자연채광을 많이 받기 위해 남향, 남동향으로 배치하며 단열에 신경 쓴다.
② 패시브 기술은 다양한 단열 방식을 사용한다.
③ 액티브 기술을 사용한 예로는 태양광 발전, 태양열 급탕, 지열 냉난방, 수소연료전지, 풍력발전시스템, 목재 펠릿보일러 등이 있다.
⑤ 제시된 자료를 통해 확인할 수 있다.

31
정답 ③

제시문에 따르면 폐열회수형 환기장치를 통해 '바깥 공기를 내부 공기와 교차'시킨 뒤 열손실을 막는다고 하였으므로, 패시브 하우스는 온도차를 최대한 줄이는 방식일 것이다. 따라서 ©은 수정할 필요 없이 '최소화한'으로 작성하는 것이 적절하다.

오답분석

① 제시문에 따르면 '수동적인 집'이라는 뜻의 패시브 하우스는 '능동적으로 에너지를 끌어 쓰는 액티브 하우스'에 속하기보다는 서로 짝이 되는 개념이다. 따라서 ㉠은 '대응하는'으로 수정하는 것이 적절하다.
② '-로서'는 자격 / 지위의 뒤에 붙여 사용하는 격조사이다. 제시문은 패시브 하우스가 집안의 열이 밖으로 새나가지 않도록 최대한 차단한다고 하였으므로 ㉡은 수단 / 방법, 원료 / 재료의 뒤에 붙여 사용하는 격조사인 '-로써'를 활용하여 '차단함으로써'로 수정하는 것이 적절하다.
④ '배출'은 '안에서 밖으로 밀어 내보냄'이라는 뜻의 명사이다. 제시문에 따르면 액티브 하우스는 '태양열을 적극적으로 활용'함으로써 '에너지를 자급자족하는 형태'이다. 따라서 ㉢은 '물건이나 재화 따위를 모아서 간수함'이라는 뜻의 '저장'을 활용하여 '저장한'으로 수정하는 것이 적절하다.
⑤ '계발'은 '슬기나 재능, 사상 따위를 일깨워 줌'이라는 뜻의 명사이다. ㉣의 주어는 액티브 하우스이므로 ㉣은 '산업이나 경제 따위를 발전하게 함'이라는 뜻의 '개발'을 활용하여 '개발되고'로 수정하는 것이 적절하다.

32
정답 ④

• A부품 불량품 개수 : $3,000 \times 0.25 = 750$개
• B부품 불량품 개수 : $4,100 \times 0.15 = 615$개
따라서 A, B부품의 한 달 동안 불량품 개수 차이는 $750 - 615 = 135$개이다.

33
정답 ③

(라) 지난 9월 경주에 5.8 규모의 지진이 발생하였으나 신라시대 문화재들은 큰 피해를 보지 않았다. → (가) 경주는 과거에 여러 차례 지진이 발생하였음에도 불국사와 석굴암, 첨성대 등은 그랭이법과 동틀돌이라는 전통 건축 방식으로 현재까지 그 모습을 보존해 왔다. → (다) 그랭이법이란 자연석을 그대로 활용해 땅의 흔들림을 흡수하는 놀라운 기술이다. → (나) 그랭이칼을 이용해 자연석의 요철을 그린 후 그 모양대로 다듬어 자연석 위에 세우고 그 틈을 동틀돌로 지지하는 것이 그랭이법이다.

34
정답 ②

제시문은 '경주는 언제든지 지진이 발생할 수 있는 양산단층에 속하는 지역이지만 신라시대에 지어진 문화재들은 현재까지도 굳건히 그 모습을 유지하고 있으며 이는 그랭이법이라는 건축기법 때문이다.'라는 내용이다. 따라서 제시문은 '경주 문화재는 왜 지진에 강할까?'라는 질문의 답이 될 수 있다.

35 정답 ④

그랭이법과 그랭이질은 같은 말이다. 따라서 같은 의미 관계인 한 자성어와 속담을 고르면 된다. '망양보뢰'는 '양을 잃고서 그 우리를 고친다.'는 뜻으로 실패 후에 일을 대비함 또는 이미 어떤 일을 실패한 뒤에 뉘우쳐도 소용이 없음을 말이다. 이와 같은 뜻으로는 '일이 이미 잘못된 뒤에는 손을 써도 소용이 없다.'는 뜻의 '소 잃고 외양간 고친다.'가 있다.

오답분석

① '이공보공'은 제자리에 있는 것으로 제자리를 메운다는 말로, 이 세상에는 거저 생기는 이득이 없다는 말이다. '바늘 끝에 알을 올려놓지 못한다.'는 쉬울 듯하나 되지 않을 일을 비유적으로 이르는 말이다.
② '수즉다욕'은 오래 살수록 그만큼 욕됨이 많음을 이르는 말이다. '보기 싫은 반찬 끼마다 오른다.'는 너무 잦아서 싫증 난 것이 그대로 또 계속되어 눈에 띔을 비유적으로 이르는 말이다.
③ '함포고복'은 잔뜩 먹고 배를 두드린다는 뜻으로, 먹을 것이 풍족하여 즐겁게 지냄을 이르는 말이다. '한 가랑이에 두 다리 넣는다.'는 정신없이 매우 서두르는 모양을 이르는 말이다.
⑤ '가인박명'은 미인은 불행하거나 병약하여 요절하는 일이 많음을 이르는 말이다. '날 받아 놓은 색시 같다.'는 바깥출입을 안 하고 집에만 가만히 있는 사람을 비유적으로 이르는 말이다.

36 정답 ③

작업 완료한 기둥의 개수는 매일 3개씩 증가하고 있다. n일차까지 작업이 끝난 기둥의 개수를 a_n이라 하면 $a_n = 1 + 3n$이다.
따라서 9일차에 작업이 끝난 기둥의 개수는 $1 + 3 \times 9 = 28$개이다.

37 정답 ②

첫 문단에서 광고의 정의에 대해 이야기하고 있다. 따라서 광고에 대한 구체적인 설명과 단점에 대해서 이야기하는 (가), 첫 번째 광고의 사례에 대해서 이야기하는 (다), 두 번째 광고의 사례를 이야기하는 (나), 광고를 보는 소비자가 가져야 할 자세에 대해 이야기하는 (라) 순으로 나열하는 것이 적절하다.

38 정답 ⑤

연예인 혹은 유명인이 광고를 했다고 회사는 품질과 성능을 담보하지 않는다. 또한 해당 연예인이 사용하지 않았지만 사용했다고 언급하지 않는 이상 광고료를 지불받은 광고 모델일 뿐 문제가 되지 않는다. 따라서 ⑤가 적절하지 않은 답임을 알 수 있다.

39 정답 ①

• 피해 : 생명이나 신체, 재산, 명예 따위에 손해를 입음. 또는 그 손해
• 가해 : 다른 사람의 생명이나 신체, 재산, 명예 따위에 해를 끼침

오답분석

② • 엄폐하다 : 가리어 숨기다.
  • 시사하다 : 어떤 것을 미리 간접적으로 표현해 주다.
③ • 천치 : 선천적으로 정신 작용이 완전하지 못하여 어리석고 못난 사람
  • 천지 : 대단히 많음
④ • 통합하다 : 둘 이상의 조직이나 기구 따위가 하나로 합치다.
  • 분리하다 : 서로 나뉘어 떨어지게 하다.
⑤ • 좇다 : 남의 말이나 뜻을 따르다.
  • 지배하다 : 어떤 사람이나 집단, 조직, 사물 등을 자기의 의사대로 복종하게 하여 다스리다.

40 정답 ③

오답분석

① 제시된 그래프에서 2020년에는 신문 광고비가 옥외 광고비보다 많다.
② · ④ · ⑤ 제시된 그래프에서 2017년에는 뉴미디어 광고비가 잡지 광고비보다 많다.

제3회 모의고사 정답 및 해설

01	02	03	04	05	06	07	08	09	10
④	④	④	④	④	②	④	③	①	⑤
11	12	13	14	15	16	17	18	19	20
①	③	④	④	③	①	③	②	③	④
21	22	23	24	25	26	27	28	29	30
③	①	④	⑤	③	③	②	①	②	②
31	32	33	34	35	36	37	38	39	40
①	③	②	③	①	①	④	④	④	①

01 정답 ④

ⓒ B씨의 사전평가 총점은 42점이지만 구술이 3점 미만이므로 기초 과정에 배정된다.

ⓔ 사전평가에 응시하지 않으면 자동 면제로 처리되어 기초과정부터 참여한다.

오답분석

ⓐ A씨의 사전평가 총점은 40점(=10+30)이므로 초급 2 과정에 배정된다.

ⓒ C씨는 이수정지 신청 후 2년 이내에 재등록했기 때문에 과거 이수사항이 승계되어 초급 1 과정에 참여할 수 있다.

02 정답 ④

불가피한 사유(출산)로 이수정지 신청을 한 경우, 이수정지 후 2년 이내에 재등록하면 과거 이수사항 및 이수시간이 계속 승계되어 해당 과정에 참여할 수 있다고 하였으므로 중급 1 과정을 승계하여 수강하며, 100시간 중 남은 70시간을 더 이수해야 한다.

03 정답 ④

첫 날은 버스를 타고, 남은 2일은 버스와 도보를 이용할 확률이 동시에 일어나야 하므로, 곱의 법칙을 적용한다. 또한 남은 2일 중 첫 날에 버스를 타는 경우와 둘째 날에 버스를 타는 두 가지 경우가 있으므로, 2를 곱해야 한다.

따라서 구하는 확률은 $\frac{1}{3} \times \left(\frac{1}{3} \times \frac{2}{3} \times 2 \right) = \frac{4}{27}$ 이다.

04 정답 ④

'필기시험 응시여부'가 아닌 '사전평가 응시여부'에 '아니요'를 체크해야 한다.

05 정답 ④

A/S 규정 중 '교환·환불 배송 정책' 부분을 살펴보면, A/S와 관련된 운송비는 제품 초기불량일 경우에만 당사에서 부담한다고 규정하고 있다. 그러므로 초기불량이 아닐 경우에는 운송비는 고객이 부담하여야 한다. 따라서 운송비를 제외한 복구 시 발생되는 모든 비용에 대해 고객이 부담하여야 한다는 설명은 적절하지 않다.

06 정답 ②

고객의 요청을 참고하여 수리가 필요한 항목을 정리하면 다음과 같다.

• 네트워크 관련 작업 : 20,000원
• 펌웨어 업그레이드 : 20,000원
• 하드 디스크 점검 : 10,000원

따라서 고객에게 안내하여야 할 수리비용은 20,000+20,000+10,000=50,000원이다.

07 정답 ④

A/S 점검표에 따른 비용을 계산하면 다음과 같다.

• 전면 유리 파손 교체 : 3,000원
• 전원 배선 교체 : 8,000원
• 41만 화소 IR 교체 : 30,000원
• 추가 CCTV 제품비 : 80,000원
• 추가 CCTV 건물 내부(로비) 설치 : 10,000원

따라서 고객에게 청구하여야 할 비용은 3,000+8,000+30,000+80,000+10,000=131,000원이다.

08 정답 ③

A/S센터에서 고객까지의 거리는 1.5km=1,500m이다. 걸어간 거리를 xm, 달린 거리는 $(1,500-x)$m라고 하자.

$\frac{x}{40} + \frac{1,500-x}{160} = 15 \rightarrow 4x + 1,500 - x = 2,400 \rightarrow 3x = 900$

$\therefore x = 300$

09 정답 ①

문서별 정리 일정에 따라 5월 달력에 각 문서정리가 해당되는 날을 나타내면 다음과 같다.

〈5월 달력〉

일	월	화	수	목	금	토
			1 A	2 A	3	4 B
5	6 D	7 F	8 A	9 A, E	10	11
12	13	14 F	15 A	16 A	17	18 B
19	20 D, E	21 F	22 A	23 A	24	25
26	27	28 F	29 A	30 A	31	

C문서는 A 또는 E문서를 정리하는 날에 같이 정리하므로 이에 해당되는 날짜 중 3일만 하면 된다. 따라서 가장 빈번하게 정리하는 문서는 A문서이다.

10 정답 ⑤

C문서 정리를 넷째 주에 할 수도 있고, 첫째 주 전 주에도 할 수 있다. 따라서 3종류 이상 문서를 정리하지 않은 주는 정확히 알 수 없다.

11 정답 ①

C문서는 1일 또는 2일에 하루 A문서와 함께 정리하고, 첫째 주인 8, 9일에 정리하면 C의 5월 문서정리가 마무리된다. 따라서 첫째 주에 정해져 있던 5번의 문서 정리횟수에 C문서를 두 번 정리하므로 총 횟수는 7번으로 문서 정리횟수가 가장 많은 주가 되며, 이 주에 속하는 날짜는 5월 5일이다.

12 정답 ③

09번 해설에서 정리한 달력을 참고하면 B, D문서는 2주에 한 번 문서정리를 한다.

오답분석

A문서는 일주일에 두 번, C문서는 한 달에 세 번, E문서는 한 달에 두 번, F문서는 일주일에 한 번 문서정리를 한다.

13 정답 ④

- 10% 할인
  - K회사 : 700개×50만 원×(1−10%)=31.5천만 원
  - L회사 : 500개×50만 원×(1−10%)=22.5천만 원
  - ∴ 매출액 차이=31.5−22.5=9천만 원
- 20% 할인
  - K회사 : 900개×50만 원×(1−20%)=36천만 원
  - L회사 : 700개×50만 원×(1−20%)=28천만 원
  - ∴ 매출액 차이=36−28=8천만 원
- 30% 할인
  - K회사 : 1,000개×50만 원×(1−30%)=35천만 원
  - L회사 : 800개×50만 원×(1−30%)=28천만 원
  - ∴ 매출액 차이=35−28=7천만 원

따라서 두 회사가 동일한 가격할인 정책을 실시할 때, 30% 할인인 경우가 7천만 원으로 월 매출액 차이가 가장 적다.

14 정답 ④

L회사에서 20% 가격할인을 진행할 경우, K회사에서의 대응(가격할인)에 따라 L회사의 판매량은 달라지지만 K회사의 대응은 각 할인율에 대해 문제에서 확률이 제시되어 있으므로, 이를 활용하여 다음과 같이 L회사의 기대매출액을 산출한다.

K회사 할인율	0%	10%	20%	30%
확률	20%	40%	30%	10%
L회사 판매량(a)	1,000개	800개	700개	600개
L회사 상품 가격(b)	500,000원×(1−20%)=400,000원			
매출액(a×b)	40천만 원	32천만 원	28천만 원	24천만 원
L회사 기대매출액	40×0.2+32×0.4+28×0.3+24×0.1 =31.6천만 원			

15 정답 ③

K회사가 10% 가격할인을 할 경우의 L회사의 월 매출현황은 다음과 같다.

- L회사가 가격을 유지할 경우
  - 매출액=50만 원×300개=15천만 원
  - 비용=5천만 원+20만 원×300개=11천만 원
  - 순수익=15천만 원−11천만 원=4천만 원
- L회사가 10% 가격할인을 할 경우
  - 매출액=50만 원×(1−10%)×500개=22.5천만 원
  - 비용=5천만 원+20만 원×500개=15천만 원
  - 순수익=22.5천만 원−15천만 원=7.5천만 원

- L회사가 20% 가격할인을 할 경우
  - 매출액=50만 원×(1−20%)×800개=32천만 원
  - 비용=5천만 원+20만 원×800개=21천만 원
  - 순수익=32천만 원−21천만 원=11천만 원
- L회사가 30% 가격할인을 할 경우
  - 매출액=50만 원×(1−30%)×1,000개=35천만 원
  - 비용=5천만 원+20만 원×1,000개=25천만 원
  - 순수익=35천만 원−25천만 원=10천만 원

∴ L회사가 20% 할인했을 때 11천만 원으로 순수익이 가장 높다.

16
정답 ①

정보를 모두 기호로 표기하면 다음과 같다.
- B → ~E
- ~B and ~E → D
- A → B or D
- C → ~D
- C → A

C가 워크숍에 참석하는 경우 D는 참석하지 않으며, A는 참석한다. A가 워크숍에 참석하면 B 또는 D 중 한 명이 함께 참석하므로 B가 A와 함께 참석한다. 또한 B가 워크숍에 참석하면 E는 참석하지 않으므로 결국 워크숍에 참석하는 직원은 A, B, C이다.

17
정답 ③

①·②·④·⑤는 섭외비·진행자 행사비로 외부에 지출되는 비용이고, ③의 상품 및 기념품 구입비는 내부에서 쓰는 비용이다.

18
정답 ②

장소는 대부도 내 기관 연수원으로 기관에서 따로 시설 및 주변을 답사할 필요가 없다.

19
정답 ③

예정되어 있던 인원에 따라 점심식사를 신청할 경우, 늦게 오는 직원 수만큼 점심식사량이 남을 수 있어 예산낭비가 된다. 따라서 약 40%의 직원을 고려하여 점심식사에 대한 의견조율이 필요하다.

오답분석
① 가장 먼저 해야 할 일로 외부 일정으로 인해 정시에 도착하지 못하는 인원을 파악해야 한다.
② 늦게 오는 직원들을 고려해 미리 정해놓은 점심식사 관련 금액과 수량 등이 적힌 내역의 수정 여부 확인이 필요하다.
④ 정확한 인원이 정해지면 창립기념일에 점심식사 및 행사시간 등을 차질 없이 진행할 수 있도록 재의사결정을 해야 한다.
⑤ 예산을 생각하여 강행하지 않고 시간대를 조금 늦게 식사를 준비하는 등 차선책을 생각하여야 한다.

20
정답 ④

회사에서 휴게소까지의 거리를 x라 하면

시간=$\dfrac{거리}{속력}$이므로 $\dfrac{x}{40}+\dfrac{128-x}{60}$=3시간이다.

∴ $x=104$

21
정답 ③

A지점 BIZ 영업팀의 업무분장에 의하면 A지점 BIZ 영업팀의 공문서 작성 및 발송 담당자는 최대리이고, 메일 내용에 따르면 본사 교육팀 김주임에게 공문을 발송해야 한다. 본사 교육팀 김주임의 메일주소는 15056@lotte.net이다.

22
정답 ①

교육에 참여할 신입사원이 총 30명이므로 크래커는 30×2=60봉지, 쿠키는 30×3=90봉지, 빵은 30×1=30봉지, 주스는 30×2=60캔, 물은 30×1=30병이 필요하다.
- 크래커 구입 비용 : 60÷20×4,000=12,000원
- 쿠키 구입 비용 : 90÷30×5,000=15,000원
- 빵 구입 비용 : 30×1,000=30,000원
- 주스 구입 비용 : 60×900=54,000원
- 물 구입 비용 : 30×600=18,000원

따라서 다과를 구입하는 데 필요한 금액은 12,000+15,000+30,000+54,000+18,000=129,000원이다.

23
정답 ④

A지점 BIZ 영업팀의 업무분장에 의하면 건설업 분야의 상품 컨설팅 및 고객 관리 업무를 하는 사람은 최대리이다. 최대리의 내선번호는 12140이다.

24
정답 ⑤

A지점 BIZ 영업팀의 2022년 3월 2주 일정에 의하면 김대리가 L제약에 상품 컨설팅을 위해 방문한 날짜와 시간대는 3월 6일 화요일 오후 시간대이다. 따라서 L제약에서 3월 7일 수요일 오후 5시에 연락이 온 것이므로 L제약 측에 통보해야 하는 계약날짜와 시간대는 김대리의 시간이 비어있는 3월 8일 목요일 오후이다.

25
정답 ③

회의록을 통해 회의 장소, 회의 주제, 회의 참석자, 회의록 작성자, 회의 시간은 알 수 있지만, 회의 발언자나 회의 기획자, 협력 부서는 알 수 없다.

26   정답 ③

결정사항 중 가장 기한이 빠른 것은 제2회 TED 세부 주제 검토 및 확정이다.

27   정답 ②

'유명 사이트 배너광고 검토'는 결정사항의 '광고 전략 수립 및 광고 샘플 작성'과 연계되므로 삭제해서는 안 된다.

28   정답 ①

n명을 원형으로 나열하는 경우의 수 : $(n-1)!$
∴ $4!$

29   정답 ②

경영기획팀에서 경영공시, 외부 컨설팅 용역 총괄 심의, 국회·정부 업무를 담당하고 있다. 따라서 해당 자료를 획득하기 위해서는 경영기획팀에 협조를 요청하여야 한다.

30   정답 ②

ⓒ·ⓔ 화장품과 침구류는 쇼핑 할인 혜택에 포함되지 않는다.

31   정답 ①

5일(토)에 근무하기로 예정된 예산팀의 하수오가 개인 사정으로 근무 일자를 변경할 경우, 해당 주에 근무가 없는 재무팀과 대체하여야 한다. 대체근무자인 한형구는 재무팀 소속이긴 하지만, 13일(일)에도 예산팀이 근무하는 날이기 때문에 주말 근무 규정에 어긋난다.

32   정답 ③

L그룹 인재개발원 식사 지원 사항에 의하면 식사횟수는 총 6회(첫째 날 점심 ~ 셋째 날 아침)이다.
첫째 날 출발하는 선발대는 35명이고, 둘째 날 아침부터는 50명이 전부 아침부터 식사를 하게 되므로, 첫째 날은 35명에 대한 예산을, 둘째 날부터 마지막 날까지는 50명에 대한 예산을 책정해야 한다.
• 첫째 날 점심식사 비용(정식 통일) : $9,000 \times 35 = 315,000$원
• 셋째 날 아침식사 비용(일품 통일) : $8,000 \times 50 = 400,000$원
이때 나머지 4번의 식사는 자유롭게 고를 수 있지만, 예산을 최대로 책정해야 하므로 스파게티의 가격을 기준으로 계산해야 한다.
• 나머지 식사 비용 : $7,000 \times (35+50+50+50) = 1,295,000$원
따라서 책정할 금액은 $315,000 + 400,000 + 1,295,000$
$= 2,010,000$원이다.

33   정답 ②

주택 또는 상가의 임대차계약은 민법에 대한 특례를 규정한 주택 임대차보호법 및 상가건물 임대차보호법의 적용을 받는다.

34   정답 ③

'대가로'가 올바른 표기이다. '대가'가 [대:까]로 발음되는 까닭으로 사이시옷을 붙여 '댓가'로 표기하는 오류가 많다. 한자어의 경우 2음절로 끝나는 6개의 단어(숫자, 횟수, 셋방, 곳간, 툇간, 찻간)만 예외적으로 사이시옷이 붙는다.

35   정답 ①

B사원은 2층에 묵는 A사원보다 높은 층에 묵지만, C사원보다는 낮은 층에 묵으므로 3층 또는 4층에 묵을 수 있다. 그러나 D사원이 C사원 바로 아래층에 묵는다고 하였으므로 D사원이 4층, B사원은 3층에 묵는 것을 알 수 있다. 따라서 A~D를 높은 층에 묵는 순서대로 나열하면 'C-D-B-A'가 되며, E는 남은 1층에 묵는 것을 알 수 있다.

36   정답 ①

A와 B가 함께 걸어간 거리는 150×30m이고, 호텔에서 교육장까지 거리는 150×50m이다. 따라서 A가 호텔에 가는 데 걸린 시간은 $150 \times 30 \div 300 = 15$분이고, 다시 교육장까지 가는데 걸린 시간은 $150 \times 50 \div 300 = 25$분이다. 따라서 B가 교육장에 도착하는 데 걸린 시간은 20분이고, A가 걸린 시간은 40분이므로, A는 B가 도착하고 20분 후에 교육장에 도착한다.

37   정답 ④

수동적 깊이 센서 방식에서 두 대의 카메라가 대상을 앞과 뒤에서 촬영하는지는 알 수 없다.

오답분석

①은 마지막 문단, ②는 세 번째 문단, ③은 두 번째 문단, ⑤는 첫 번째 문단에서 확인할 수 있다.

38   정답 ④

손과 몸의 상하좌우 움직임은 2차원적인 것, 앞뒤 움직임은 3차원적인 것이다. TOF 카메라는 깊이 정보를 측정하는 기계이므로 3차원 공간 좌표에서 이루어지는 손과 몸의 앞뒤 움직임도 인지할 수 있다.

오답분석

① TOF 카메라는 밝기 또는 색상으로 표현된 동영상 형태로 깊이 정보를 출력한다.
②·⑤ TOF 카메라는 적외선을 사용하기 때문에 태양광이 있는 곳에서는 사용하기 어렵고, 보통 10m 이내로 촬영 범위가 제한된다.

③ TOF 카메라는 대상에서 반사된 빛을 통해 깊이 정보를 측정한다. 따라서 빛 흡수율이 높은 대상은 깊이 정보를 획득하기 어렵다.

39
정답 ④

'우공이 산을 옮긴다.'는 뜻의 '어떤 일이든 끊임없이 노력하면 반드시 이루어짐'을 의미하는 '우공이산(愚公移山)'이 가장 적절하다.

오답분석

① 안빈낙도(安貧樂道) : 가난한 생활을 하면서도 편안한 마음으로 도를 즐겨 지킴

② 호가호위(狐假虎威) : 여우가 호랑이의 위세를 빌려 호기를 부린다는 뜻으로, 남의 권세를 빌려 위세를 부리는 모습을 이르는 말

③ 각주구검(刻舟求劍) : 칼이 빠진 자리를 배에 새겨 찾는다는 뜻으로, 어리석고 미련해서 융통성이 없다는 의미

⑤ 사면초가(四面楚歌) : 사방이 초나라(적군)의 노래라는 뜻으로, 아무에게도 도움을 받지 못하는 외롭고 곤란한 지경에 빠진 형편을 이르는 말

40
정답 ①

'회의장 세팅'을 p, '회의록 작성'을 q, '회의 자료 복사'를 r, '자료 준비'를 s라고 하면, $p \rightarrow \sim q \rightarrow \sim s \rightarrow \sim r$이 성립한다.

따라서 A는 옳고, B는 틀리다.

제4회 모의고사 정답 및 해설

01	02	03	04	05	06	07	08	09	10
③	①	③	②	①	②	④	②	②	④
11	12	13	14	15	16	17	18	19	20
③	④	④	③	①	⑤	①	③	③	③
21	22	23	24	25	26	27	28	29	30
②	③	③	①	①	③	④	④	②	④
31	32	33	34	35	36	37	38	39	40
⑤	②	⑤	④	⑤	⑤	①	②	④	①

01
정답 ③

매월 각 프로젝트에 필요한 인원들을 구하면 다음과 같다.

구분	2월	3월	4월	5월	6월	7월	8월	9월
A	46							
B	42	42	42	42				
C		24	24					
D				50	50	50		
E						15	15	15
합계	88	66	66	92	50	65	15	15

따라서 5월에 가장 많은 92명이 필요하므로 모든 프로젝트를 완료하기 위해서는 최소 92명이 필요하다.

02
정답 ①

프로젝트별 총 인건비를 계산하면 다음과 같다.
- A프로젝트 : 46×130만=5,980만 원
- B프로젝트 : 42×550만=23,100만 원
- C프로젝트 : 24×290만=6,960만 원
- D프로젝트 : 50×430만=21,500만 원
- E프로젝트 : 15×400만=6,000만 원

따라서 A ~ E프로젝트를 인건비가 가장 적게 드는 것부터 나열한 순서는 'A − E − C − D − B'임을 알 수 있다.

03
정답 ③

02번 해설에서 구한 총 인건비와 진행비를 합산하여 각 프로젝트에 들어가는 총 비용을 계산하면 다음과 같다.
- A프로젝트 : 5,980만+20,000만=25,980만 원
- B프로젝트 : 23,100만+3,000만=26,100만 원
- C프로젝트 : 6,960만+15,000만=21,960만 원
- D프로젝트 : 21,500만+2,800만=24,300만 원
- E프로젝트 : 6,000만+16,200만=22,200만 원

따라서 C프로젝트가 21,960만 원으로 총 비용이 가장 적게 든다.

04
정답 ②

제시문을 정리하면 다음과 같다.

구분	월	화	수	목	금	토·일	월
A						휴가 일수에 포함되지 않음	
B							
C							
D							

- A : C는 다음주 월요일까지 휴가이다.
- B : D는 금요일까지 휴가이다.

05
정답 ①

수하물을 분실한 경우에는 화물인수증(Claim Tag)을 해당 항공사 직원에게 제시하고, 분실 신고서를 작성해야 한다. 이때 공항에서 짐을 찾을 수 없게 되면 항공사에서 책임지고 배상해준다.

06
정답 ②

현지에서 잃어버린 물품은 현지 경찰서에서 도난 신고서를 발급받고 그 서류를 귀국 후 해당 보험회사에 청구해야 보험금을 받을 수 있다.

07 정답 ④

- 순항 중일 때 날아간 거리 : $860 \times \left\{ 3 + \dfrac{30-15}{60} \right\} = 2,795 \text{km}$

- 기상 악화일 때 날아간 거리 : $(860-40) \times \dfrac{15}{60} = 205 \text{km}$

따라서 날아간 거리는 총 $2,795 + 205 = 3,000 \text{km}$이다.

08 정답 ②

등하불명(燈下不明) : 등잔 밑이 어둡다는 뜻으로, 가까이에 있는 물건이나 사람을 잘 찾지 못함을 이르는 말

오답분석

① 누란지위(累卵之危) : 층층이 쌓아 놓은 알의 위태로움이라는 뜻으로, 몹시 아슬아슬한 위기를 비유적으로 이르는 말

③ 수구초심(首丘初心) : 여우는 죽을 때 구릉을 향(向)해 머리를 두고 초심으로 돌아간다는 뜻으로, 근본을 잊지 않음 또는 죽어서라도 고향 땅에 묻히고 싶어 하는 마음을 이르는 말

④ 조족지혈(鳥足之血) : 새 발의 피라는 뜻으로, 매우 적은 분량을 비유적으로 이르는 말

⑤ 지란지교(芝蘭之交) : 지초와 난초의 교제라는 뜻으로, 벗 사이의 맑고도 고귀한 사귐을 이르는 말

09 정답 ②

A부서의 수리 요청 내역별 수리요금을 구하면 다음과 같다.

- RAM 8GB 교체
  - 수량 : 15개(∵ 교체 12개, 추가설치 3개)
  - 개당 교체 및 설치비용 : $8,000 + 96,000 = 104,000$원
  - ∴ A부서의 RAM 8GB 교체비용 : $104,000 \times 15 = 1,560,000$원
- SSD 250GB 추가 설치
  - 수량 : 5개
  - 개당 설치비용 : $9,000 + 110,000 = 119,000$원
  - ∴ A부서의 SSD 250GB 추가 설치비용 : $119,000 \times 5 = 595,000$원
- 프로그램 설치
  - 수량 : 문서작성 프로그램 10개, 3D그래픽 프로그램 10개
  - 문서작성 프로그램 개당 설치비용 : $6,000$원
  - 3D그래픽 프로그램 개당 설치비용 : $6,000 + 1,000 = 7,000$원
  - ∴ A부서의 프로그램 설치비용 : $(6,000 \times 10) + (7,000 \times 10) = 130,000$원

10 정답 ④

- HDD 1TB 교체
  - 수량 : 4개
  - 개당 교체비용 : $8,000 + 50,000 = 58,000$원
  - 개당 백업비용 : $100,000$원
  - ∴ B부서의 HDD 1TB 교체비용 : $(100,000 + 58,000) \times 4 = 632,000$원

- HDD 포맷 · 배드섹터 수리
  - 수량 : 15개
  - 개당 수리비용 : $10,000$원
  - ∴ B부서의 HDD 포맷 · 배드섹터 수리비용 : $10,000 \times 15 = 150,000$원
- 바이러스 치료 및 백신 설치
  - 수량 : 6개
  - 개당 치료 · 설치비용 : $10,000$원
  - ∴ B부서의 바이러스 치료 및 백신 설치비용 : $10,000 \times 6 = 60,000$원

따라서 B부서에 청구되어야 할 수리비용은 $632,000 + 150,000 + 60,000 = 842,000$원이다.

11 정답 ③

- 진단 시간 : 2시간

- 데이터 복구 소요 시간 : $\dfrac{270}{7.5} = 36$시간

즉, 데이터를 복구하는 데 걸리는 총시간은 $2 + 36 = 38$시간이므로, 1일 14시간이 걸린다. 2일 차에 데이터 복구가 완료되고 다음 날 직접 배송하므로, Y사원이 U과장에게 안내할 기간은 3일이다.

12 정답 ④

분속 80m로 걸은 거리를 x라고 하면

$\dfrac{x}{80} + \dfrac{2,000-x}{160} = 20 \to 2x + 2,000 - x = 3,200$

∴ $x = 1,200$

따라서 분속 80m로 걸은 거리는 1,200m이다.

13 정답 ④

직급에 따른 업무항목별 계산 기준에 따르면, B차장의 업무평점은 $(80 \times 0.3) + (85 \times 0.2) + (90 \times 0.5) = 86$점이다.

14 정답 ③

직급에 따른 업무항목별 계산 기준에 따르면, A사원의 업무평점은 $(86 \times 0.5) + (70 \times 0.3) + (80 \times 0.2) = 80$점이다.

승진심사 평점은 업무(80%)+능력(10%)+태도(10%)이므로 $(80 \times 0.8) + (80 \times 0.1) + (60 \times 0.1) = 78$점이다.

15 정답 ①

㉠과 ㉡의 '계산'은 주어진 수나 식을 일정한 규칙에 따라 처리하여 수치를 구하는 의미로 쓰였다.

오답분석

② 값을 치름

③ · ⑤ 어떤 일이 자기에게 이해득실이 있는지 따짐

④ 어떤 일을 예상하거나 고려함

16 정답 ⑤

'원한'을 주제로 삼고 있는 ①·②·③·④와 달리 '절차탁마(切磋琢磨)'는 옥이나 돌을 갈고 닦아서 빛을 낸다는 뜻으로 학문이나 인격을 갈고 닦음의 의미를 나타낸다.

오답분석

① 각골통한(刻骨痛恨) : 뼈에 새겨 놓을 만큼 잊을 수 없고 고통스러운 원한

② 비분강개(悲憤慷慨) : 의롭지 못한 일이나 잘못되어 가는 세태가 슬프고 분하여 마음이 북받침을 일컫는 말

③ 원철골수(怨徹骨髓) : 원한이 깊어 골수에 사무친다는 뜻으로 원한이 잊을 수 없을 정도로 깊음

④ 교아절치(咬牙切齒) : 어금니를 악물고 이를 갈면서 몹시 분해 함

17 정답 ①

방 배정기준을 표로 정리하면 다음과 같다.

구분		경우 1		경우 2	
층별	2층	A, C	F	A, E	F
사용자	1층	B, G	D	E, B, G	C	D

따라서 A와 방을 함께 쓸 사람은 C 또는 E이다.

18 정답 ③

경우 1에서는 B, D, G, E가 1층을, 경우 2에서는 B, C, D, G가 1층을 사용한다. 따라서 어떠한 경우에도 1층은 항상 4명이 방을 사용한다.

19 정답 ③

다섯 번째 조건에서 C와 E는 다른 층을 사용한다고 하였다. 따라서 E가 1층을 사용할 경우는 **17번**으로부터 경우 1에 해당하므로 C는 2층에서 A와 방을 함께 사용한다.

20 정답 ③

경우 1에서는 A, C, F가 2층을, 경우 2에서는 A, E, F가 2층을 사용한다. 따라서 어떠한 경우에도 2층은 항상 3명이 방을 사용한다.

21 정답 ②

제2조 제3항에 따르면 1개월 이상 L사 직원으로 근무하였음에도 성과평가 결과를 부여받지 못한 경우에는 최하등급 기준으로 성과연봉을 지급한다.

22 정답 ③

성과급 지급 규정의 평가기준 가중치에 따라 O대리의 평가점수를 변환해보면 다음과 같다.

(단위 : 점)

구분	전문성	유용성	수익성	총합	등급
1분기	1.8	1.6	3.5	6.9	C
2분기	2.1	1.4	3.0	6.5	C
3분기	2.4	1.2	3.5	7.1	B
4분기	2.1	1.6	4.5	8.2	A

따라서 1 ~ 2분기에는 40만 원, 3분기에는 60만 원, 4분기에는 80만 원으로 1년 동안 총 220만 원을 받는다.

23 정답 ③

바뀐 성과급 지급 규정에 따라 가중치를 바꿔 다시 O대리의 평가점수를 변환해보면 다음과 같다.

(단위 : 점)

구분	전문성	유용성	수익성	총합	등급
1분기	1.8	1.6	4.2	7.6	B
2분기	2.1	1.4	3.6	7.1	B
3분기	2.4	1.2	4.2	7.8	B
4분기	2.1	1.6	5.4	9.1	S

1 ~ 3분기에는 60만 원, 4분기에는 100만 원으로, 1년 동안 총 280만 원을 받아 변경 전보다 60만 원을 더 받는다.

24 정답 ①

A가 S등급을 받을 확률이 $\frac{1}{3}$ 이고 B가 S등급을 받을 확률은 $\frac{3}{5}$ 이다.

따라서 A, B 둘 다 S등급을 받을 확률은 $\frac{1}{3} \times \frac{3}{5} = \frac{1}{5} = 20\%$이다.

25 정답 ①

매주 월요일 '커피 머신 청소'와 '주간회의 준비 및 진행'에 따라 반복적으로 수행해야 하는 업무는 2가지임을 알 수 있다.

26 정답 ③

오늘은 7월 12일 화요일이므로 내일은 7월 13일 수요일이다. '급여 이체의뢰서 작성 및 지급 은행 제출'의 업무(완수)일은 14일 목요일이므로 내일까지 완료해야 할 업무가 아니다.

오답분석

①·②·④·⑤ 어제까지 완료한 업무는 월요일마다 하는 '커피 머신 청소', '주간회의 준비'와 '자동문 수리 기사 방문 확인'이 있다. 그리고 내일까지 사내 비치용 다과를 구입해야 한다.

27
정답 ④

7월 21일 14시 ~ 14시 30분 사이에 에어컨 필터 교체 기사님이 방문하며, 소요시간이 2시간이라고 하였다. 따라서 7월 21일 10:00 ~ 15:00에는 교육 수강이 불가능하다.

28
정답 ④

8월 첫째 주에 처리해야 할 업무 순서는 8월 1일 월요일 업무이다. 매주 월요일 '커피 머신 청소' 그리고 '주간회의 준비 및 진행'이 있다. 첫째 주 주간회의는 10시 시작이므로 출근 후 시간이 충분할 경우 주간회의 시작 전에 완료해야 하는 '커피 머신 청소'와 주간회의 전에 해야 하는 '주간회의 준비 및 진행'을 먼저 해야 한다. 다음으로 업무 목록을 보면 8월 4일 목요일에 '급여 계산 완료 및 결재 요청'을 착수해야 하며, 다음날에는 '2차 팀워크 향상 교육 준비'를 착수해야 한다.
업무 내용을 업무(완수)일이 일찍 끝나는 날부터 정리하면 다음과 같다.

업무 내용	필요 기간	착수일	업무 (완수)일
▶ 급여 이체의뢰서 작성 및 지급 은행 제출	3시간	07.14(목)	07.14(목)
▶ 자동문 수리 기사 방문 (11시 ~ 12시 사이)	1시간	07.19(화)	07.19(화)
▶ 1차 팀워크 향상 교육 준비	4일	07.21(목)	07.27(수)
▶ 사내 비치용 다과 구입	1시간	07.29(금)	07.29(금)
▶ 2차 팀워크 향상 교육 준비	3일	08.05(금)	08.10(수)
▶ 급여 계산 완료 및 결재 요청	5일	08.04(목)	08.11(목)
▶ 급여 이체의뢰서 작성 및 지급 은행 제출	3시간	08.12(금)	08.14(일)
▶ 3차 팀워크 향상 교육 준비	3일	08.19(금)	08.24(수)
▶ 팀워크 향상 교육 결과 보고서 제출	4일	08.25(목)	08.31(수)

따라서 8월 첫째 주 일처리 순서는 '커피 머신 청소 → 주간회의 준비 및 진행 → 급여 계산 완료 및 결재 요청 → 2차 팀워크 향상 교육 준비'임을 알 수 있다.

29
정답 ②

선택지에 제시된 항공편의 비용은 다음과 같다.
① SP - 340 : $87 \times 10 \times 2 \times 0.9 = 1,566$만 원
② GE - 023 : $70 \times 10 \times 2 = 1,400$만 원
③ NL - 110 : $85 \times 10 \times 2 \times 0.95 = 1,615$만 원
④ KR - 730 : $88 \times 10 \times 2 = 1,760$만 원
⑤ AR - 018 : $90 \times 10 \times 2 \times 0.85 = 1,530$만 원
따라서 가장 저렴한 비용으로 이용할 수 있는 항공편은 GE - 023이다.

30
정답 ④

네덜란드와 한국의 시차는 8시간이며 한국이 더 빠르다고 명시되어 있으므로, 한국시각으로 2022년 5월 11일 오전 1시에 네덜란드 농민과의 만찬이 예정되어 있다. 만찬 장소까지 소요되는 5분을 고려하여 네덜란드 공항에는 2022년 5월 11일 오전 12시 55분까지 도착해야 한다. 각 선택지에 제시된 항공편의 도착시간은 다음과 같다.
① SP - 340 : 한국시각 2022년 5월 10일 14시+11시간 50분 =2022년 5월 11일 오전 1시 50분
② GE - 023 : 한국시각 2022년 5월 10일 9시+5시간+10시간 30분=2022년 5월 11일 오전 12시 30분
③ NL - 110 : 한국시각 2022년 5월 10일 14시 10분+11시간 10분=2022년 5월 11일 오전 1시 20분
④ KR - 730 : 한국시각 2022년 5월 10일 12시+12시간 55분 =2022년 5월 11일 오전 12시 55분
⑤ AR - 018 : 한국시각 2022년 5월 10일 13시+12시간 50분 =2022년 5월 11일 오전 1시 50분
따라서 이 시간까지 도착할 수 있는 항공편 ②, ④ 중에서 경유시간이 없는 KR - 730을 선택한다.

31
정답 ⑤

네덜란드 현지시각으로 2022년 5월 10일 오후 4시는 한국시각으로 2022년 5월 11일 오전 12시이다.
⑤ OL - 038 : 한국시각 2022년 5월 10일 10시 30분+3시간 +10시간 30분=2022년 5월 11일 오전 12시

오답분석
① GE - 023 : 한국시각 2022년 5월 10일 9시+5시간+10시간 30분=2022년 5월 11일 오전 12시 30분
② NL - 110 : 한국시각 2022년 5월 10일 14시 10분+11시간 10분=2022년 5월 11일 오전 1시 20분
③ KR - 730 : 한국시각 2022년 5월 10일 12시+12시간 55분=2022년 5월 11일 오전 12시 55분
④ AR - 018 : 한국시각 2022년 5월 10일 오후 1시+12시간 50분=2022년 5월 11일 오전 1시 50분

32
정답 ②

회사에서 공항까지의 거리를 x km라고 하자.
$$\frac{x}{40} = \frac{x}{45} + \frac{1}{6} \rightarrow 9x - 8x = 60$$
$$\therefore x = 60$$

33
정답 ⑤

지원자의 직무 능력을 가릴 수 있는 요소들을 배제하는 것은 기존의 채용 방식이 아닌 블라인드 채용 방식으로 이를 통해 직무 능력만으로 인재를 평가할 수 있다. 따라서 ⑤는 블라인드 채용의 등장 배경으로 적절하지 않다.

34 정답 ④

블라인드 면접의 경우 자료 없이 면접을 진행하는 무자료 면접 방식과 면접관의 인지적 편향을 유발할 수 있는 항목을 제거한 자료를 기반으로 면접을 진행하는 방식이 있다.

오답분석

① 무서류 전형은 최소한의 정보만을 포함한 입사지원서를 접수하되 이를 선발 기준으로 활용하지 않는 방식이다.
② 블라인드 처리되어야 할 정보를 수집할 경우, 온라인 지원서상 개인정보를 암호화하여 채용담당자는 이를 볼 수 없도록 기술적으로 처리한다.
③ 무자료 면접 방식은 입사지원서, 인·적성검사 결과 등의 자료 없이 면접을 진행한다.
⑤ 기존에 쌓아온 능력·지식 등은 서류 전형이 아닌 필기 및 면접 전형을 통해 검증된다.

35 정답 ⑤

㉠은 지원자들의 무분별한 스펙 경쟁을 유발하는 반면, ㉡은 지원자의 목표 지향적인 능력과 역량 개발을 촉진한다.

36 정답 ⑤

월요일부터 토요일까지 각 팀의 회의 진행 횟수가 같으므로 6일 동안 6개 팀은 각각 두 번씩 회의를 진행해야 한다. 주어진 조건에 따라 A ~ F팀의 회의 진행 요일을 정리하면 다음과 같다.

월	화	수	목	금	토
C, B	D, B	C, E D, E	A, F	A, F	D, E C, E

오답분석

① E팀은 수요일과 토요일에 모두 회의를 진행한다.
② 화요일에 회의를 진행한 팀은 B팀과 D팀이다.
③ C팀과 E팀은 수요일과 토요일 중 하루는 함께 회의를 진행한다.
④ C팀은 월요일에 한 번 회의를 진행하였고, 수요일 또는 토요일 중 하루만 회의를 진행한다.

37 정답 ①

(다)에서 천연가스의 경쟁력과 천연가스가 기존의 주요 화석 에너지를 대체할 수 있는 에너지원이라는 점이 세계적으로 입증되고 있다고 말하고 있으므로 첫 번째 문단으로 오는 것이 적절하다. 그 후에 세계적인 추세와는 다른 우리나라에서의 천연가스 역할을 언급하고 있는 (가), 그 뒤로 우리나라의 에너지 정책이 나아가야 할 방향을 제시하고 있는 (나)가 와야 한다.

38 정답 ②

천연가스는 화석연료라는 점에서 감축의 대상이지만 온실가스 배출량 감축의 실행적인 측면에서 기존의 주요 화석 에너지를 대체하는 에너지원이기도 하다. 궁극적으로는 신재생에너지로의 전환 과정에서 천연가스는 화석연료와 신재생에너지 사이를 연결하는 '가교 역할'을 한다고 볼 수 있다.

39 정답 ④

제시된 지문에서 천연가스의 긍정적 전망과 경쟁력을 언급하면서 에너지원으로서의 국가에너지 믹스에서 역할이 더욱 기대된다고 말하고 있으며, 그 이후로 우리나라 에너지 정책방향을 제시하고 있으므로 ④ '국가 에너지 믹스에서 천연가스 역할'이 주제로 적절하다.

40 정답 ①

'겉과 속이 다르다.'의 뜻을 가진 한자성어는 '부화뇌동(附和雷同)'이 아니라 '표리부동(表裏不同)'이다. '부화뇌동(附和雷同)'의 뜻은 '줏대 없이 남의 말을 따르다.'이다.

L-TAB 롯데그룹

조직적합진단 + 면접

www.sdedu.co.kr

롯데그룹 조직적합진단

01 롯데그룹 조직적합진단

1. 개요

새롭게 변화한 롯데그룹 조직적합진단(이하 인성검사라 한다)은 롯데그룹의 인재상과 부합하는 인재인지 평가하는 테스트로 직무적합진단 이전에 온라인으로 진행된다. 주로 지원자의 개인 성향이나 인성에 관한 질문으로 되어 있으며 1시간의 검사시간이 주어진다.

2. 인성검사 수검요령

인성검사는 특별한 수검요령이 없다. 다시 말하면 모범답안이 없고, 정답이 없다는 이야기이다. 국어문제처럼 말의 뜻을 풀이하는 것도 아니다. 굳이 수검요령을 말하자면, 진실하고 솔직한 내 생각이 최고의 답변이라고 할 수 있을 것이다.

인성검사에서 가장 중요한 것은 첫째, 솔직한 답변이다. 지금까지 경험을 통해서 축적한 자신의 생각과 행동을 거짓 없이 솔직하게 기재하는 것이다. 예를 들어, '나는 타인의 물건을 훔치고 싶은 충동을 느껴본 적이 있다.'란 질문에 지원자들은 많은 생각을 하게 된다. 생각해 보라. 유년기에 또는 성인이 되어서도 타인의 물건을 훔치는 일을 저지른 적은 없더라도, 훔치고 싶은 충동은 누구나 조금이라도 느껴보았을 것이다. 그런데 이 질문에 고민을 하는 사람이 간혹 있다. 이 질문에 '예'라고 대답하면 담당 검사관들이 나를 사회적으로 문제가 있는 사람으로 여기지는 않을까 하는 생각에 '아니요'라는 답을 기재하게 된다. 이런 솔직하지 않은 답변이 답변의 신뢰와 솔직함을 나타내는 타당성 척도에 좋지 않은 점수를 주게 된다.

둘째, 일관성 있는 답변이다. 인성검사의 수많은 질문 문항 중에는 비슷한 뜻의 질문이 여러 개 숨어 있는 경우가 많이 있다. 그 질문들은 지원자의 솔직한 답변과 심리적인 상태를 알아보기 위해 내포되어 있는 문항들이다. 예컨대 '나는 유년시절 타인의 물건을 훔친 적이 있다.'라는 질문에 '예'라고 대답했는데, '나는 유년시절 타인의 물건을 훔쳐보고 싶은 충동을 느껴본 적이 있다.'라는 질문에는 '아니요'라는 답을 기재한다면 어떻겠는가. 일관성 없이 '대충 기재하자.'라는 식의 심리적 무성의한 답변이 되거나, 정신적으로 문제가 있는 사람으로 보일 수 있다.

인성검사는 많은 문항을 풀어야 하므로 지원자들은 지루함과 따분함, 반복되는 비슷한 질문에 대한 인내력 상실 등을 경험할 수 있다. 인내를 가지고 솔직한 내 생각을 대답하는 것이 무엇보다 중요한 요령이다.

3. 인성검사 시 유의사항

① 충분한 휴식으로 불안을 없애고 정서적인 안정을 취한다. 심신이 안정되어야 자신의 마음을 표현할 수 있다.

② 생각나는 대로 솔직하게 응답한다. 자신을 너무 과대포장하지도, 너무 비하하지도 마라. 답변을 꾸며서 하면 앞뒤가 맞지 않게끔 구성돼 있어 불리한 평가를 받게 된다. 무엇보다 제일 중요한 것은 솔직하게 답하는 것이다.

③ 검사문항에 대해 지나치게 생각해서는 안 된다. 지나치게 몰두하면 엉뚱한 답변이 나올 수 있으므로 불필요한 생각은 삼간다.

④ 검사시간에 유의해야 한다. 인성검사에 주어진 시간은 문항 수에 비하면 굉장히 짧은 시간이다. 때문에 지나치게 의식하고 풀면 주어진 문항을 다 풀기 어렵다.

⑤ 인성검사는 문항 수가 많기에 자칫 건너뛰거나 다 풀지 못하는 경우가 있는데, 가능한 모든 문항에 답해야 한다. 응답하지 않은 문항이 많을 경우 평가자가 정확한 평가를 내리지 못해 불리한 평가를 내릴 수 있기 때문이다.

02 조직적합진단 모의연습

다음 문항을 읽고, 자신의 성향과 가까운 정도에 따라 1 ~ 7점을 부여한다(① 매우 그렇지 않다, ② 거의 그렇지 않다, ③ 조금 그렇지 않다, ④ 보통이다, ⑤ 조금 그렇다, ⑥ 거의 그렇다, ⑦ 매우 그렇다). 그리고 3개의 문장에서 자신과 가장 가까운 것과 가장 먼 것에 체크하시오.

					멀다	가깝다
A. 나는 팀원들과 함께 일하는 것을 좋아한다.	① ❷ ③ ④ ⑤ ⑥ ⑦	●	㉮
B. 나는 새로운 방법을 시도하는 것을 선호한다.	① ② ③ ④ ❺ ⑥ ⑦	멀	㉮
C. 나는 수리적인 자료들을 제시하여 결론을 도출한다.	① ② ③ ④ ⑤ ⑥ ❼	멀	●

※ 다음 문항을 읽고, 자신의 성향과 가까운 정도에 따라 1 ~ 7점을 부여한다(① 매우 그렇지 않다, ② 거의 그렇지 않다, ③ 조금 그렇지 않다, ④ 보통이다, ⑤ 조금 그렇다, ⑥ 거의 그렇다, ⑦ 매우 그렇다). 그리고 3개의 문장에서 자신과 가장 가까운 것과 가장 먼 것에 체크하시오. **[1~85]**

※ 조직적합진단은 정답이 따로 없는 유형이므로 결과지를 제공하지 않습니다.

01

멀다 가깝다

A. 사물을 신중하게 생각하는 편이라고 생각한다.	① ② ③ ④ ⑤ ⑥ ⑦	멀	㉮
B. 포기하지 않고 노력하는 것이 중요하다.	① ② ③ ④ ⑤ ⑥ ⑦	멀	㉮
C. 자신의 권리를 주장하는 편이다.	① ② ③ ④ ⑤ ⑥ ⑦	멀	㉮

02 멀다 가깝다

A. 노력의 여하보다 결과가 중요하다. ① ② ③ ④ ⑤ ⑥ ⑦ 멀 ㉮
B. 자기주장이 강하다. ① ② ③ ④ ⑤ ⑥ ⑦ 멀 ㉮
C. 어떠한 일이 있어도 출세하고 싶다. ① ② ③ ④ ⑤ ⑥ ⑦ 멀 ㉮

03 멀다 가깝다

A. 다른 사람의 일에 관심이 없다. ① ② ③ ④ ⑤ ⑥ ⑦ 멀 ㉮
B. 때로는 후회할 때도 있다. ① ② ③ ④ ⑤ ⑥ ⑦ 멀 ㉮
C. 진정으로 마음을 허락할 수 있는 사람은 없다. ① ② ③ ④ ⑤ ⑥ ⑦ 멀 ㉮

04 멀다 가깝다

A. 한번 시작한 일은 반드시 끝을 맺는다. ① ② ③ ④ ⑤ ⑥ ⑦ 멀 ㉮
B. 다른 사람들이 하지 못하는 일을 하고 싶다. ① ② ③ ④ ⑤ ⑥ ⑦ 멀 ㉮
C. 좋은 생각이 떠올라도 실행하기 전에 여러모로 검토한다. ① ② ③ ④ ⑤ ⑥ ⑦ 멀 ㉮

05 멀다 가깝다

A. 다른 사람에게 항상 움직이고 있다는 말을 듣는다. ① ② ③ ④ ⑤ ⑥ ⑦ 멀 ㉮
B. 옆에 사람이 있으면 싫다. ① ② ③ ④ ⑤ ⑥ ⑦ 멀 ㉮
C. 친구들과 남의 이야기를 하는 것을 좋아한다. ① ② ③ ④ ⑤ ⑥ ⑦ 멀 ㉮

06 멀다 가깝다

A. 모두가 싫증을 내는 일에도 혼자서 열심히 한다. ① ② ③ ④ ⑤ ⑥ ⑦ 멀 ㉮
B. 완성된 것보다 미완성인 것에 흥미가 있다. ① ② ③ ④ ⑤ ⑥ ⑦ 멀 ㉮
C. 능력을 살릴 수 있는 일을 하고 싶다. ① ② ③ ④ ⑤ ⑥ ⑦ 멀 ㉮

07 멀다 가깝다

A. 번화한 곳에 외출하는 것을 좋아한다. ① ② ③ ④ ⑤ ⑥ ⑦ 멀 ㉮
B. 다른 사람에게 자신이 소개되는 것을 좋아한다. ① ② ③ ④ ⑤ ⑥ ⑦ 멀 ㉮
C. 다른 사람보다 쉽게 우쭐해진다. ① ② ③ ④ ⑤ ⑥ ⑦ 멀 ㉮

08

A. 다른 사람의 감정에 민감하다. ① ② ③ ④ ⑤ ⑥ ⑦ 멀 ㉮
B. 남을 배려하는 마음씨가 있다는 말을 종종 듣는다. ① ② ③ ④ ⑤ ⑥ ⑦ 멀 ㉮
C. 사소한 일로 우는 일이 많다. ① ② ③ ④ ⑤ ⑥ ⑦ 멀 ㉮

09

멀다 가깝다

A. 통찰력이 있다고 생각한다. ① ② ③ ④ ⑤ ⑥ ⑦ 멀 ㉮
B. 몸으로 부딪혀 도전하는 편이다. ① ② ③ ④ ⑤ ⑥ ⑦ 멀 ㉮
C. 감정적으로 될 때가 많다. ① ② ③ ④ ⑤ ⑥ ⑦ 멀 ㉮

10

멀다 가깝다

A. 타인에게 간섭받는 것을 싫어한다. ① ② ③ ④ ⑤ ⑥ ⑦ 멀 ㉮
B. 신경이 예민한 편이라고 생각한다. ① ② ③ ④ ⑤ ⑥ ⑦ 멀 ㉮
C. 난관에 봉착해도 포기하지 않고 열심히 한다. ① ② ③ ④ ⑤ ⑥ ⑦ 멀 ㉮

11

멀다 가깝다

A. 해야 할 일은 신속하게 처리한다. ① ② ③ ④ ⑤ ⑥ ⑦ 멀 ㉮
B. 매사에 느긋하고 차분하다. ① ② ③ ④ ⑤ ⑥ ⑦ 멀 ㉮
C. 끙끙거리며 생각할 때가 있다. ① ② ③ ④ ⑤ ⑥ ⑦ 멀 ㉮

12

멀다 가깝다

A. 하나의 취미를 오래 지속하는 편이다. ① ② ③ ④ ⑤ ⑥ ⑦ 멀 ㉮
B. 낙천가라고 생각한다. ① ② ③ ④ ⑤ ⑥ ⑦ 멀 ㉮
C. 일주일의 예정을 만드는 것을 좋아한다. ① ② ③ ④ ⑤ ⑥ ⑦ 멀 ㉮

13

멀다 가깝다

A. 자신의 의견을 상대에게 잘 주장하지 못한다. ① ② ③ ④ ⑤ ⑥ ⑦ 멀 ㉮
B. 좀처럼 결단하지 못하는 경우가 있다. ① ② ③ ④ ⑤ ⑥ ⑦ 멀 ㉮
C. 행동으로 옮기기까지 시간이 걸린다. ① ② ③ ④ ⑤ ⑥ ⑦ 멀 ㉮

14   멀다 가깝다

A. 돌다리도 두드리며 건너는 타입이라고 생각한다.   ① ② ③ ④ ⑤ ⑥ ⑦ 멀 ㉮

B. 굳이 말하자면 시원시원하다.   ① ② ③ ④ ⑤ ⑥ ⑦ 멀 ㉮

C. 토론에서 이길 자신이 있다.   ① ② ③ ④ ⑤ ⑥ ⑦ 멀 ㉮

15   멀다 가깝다

A. 쉽게 침울해진다.   ① ② ③ ④ ⑤ ⑥ ⑦ 멀 ㉮

B. 쉽게 싫증을 내는 편이다.   ① ② ③ ④ ⑤ ⑥ ⑦ 멀 ㉮

C. 도덕/윤리를 중시한다.   ① ② ③ ④ ⑤ ⑥ ⑦ 멀 ㉮

16   멀다 가깝다

A. 매사에 신중한 편이라고 생각한다.   ① ② ③ ④ ⑤ ⑥ ⑦ 멀 ㉮

B. 실행하기 전에 재확인할 때가 많다.   ① ② ③ ④ ⑤ ⑥ ⑦ 멀 ㉮

C. 반대에 부딪혀도 자신의 의견을 바꾸는 일은 없다.   ① ② ③ ④ ⑤ ⑥ ⑦ 멀 ㉮

17   멀다 가깝다

A. 전망을 세우고 행동할 때가 많다.   ① ② ③ ④ ⑤ ⑥ ⑦ 멀 ㉮

B. 일에는 결과가 중요하다고 생각한다.   ① ② ③ ④ ⑤ ⑥ ⑦ 멀 ㉮

C. 다른 사람으로부터 지적받는 것은 싫다.   ① ② ③ ④ ⑤ ⑥ ⑦ 멀 ㉮

18   멀다 가깝다

A. 다른 사람에게 위해를 가할 것 같은 기분이 들 때가 있다.   ① ② ③ ④ ⑤ ⑥ ⑦ 멀 ㉮

B. 인간관계가 폐쇄적이라는 말을 듣는다.   ① ② ③ ④ ⑤ ⑥ ⑦ 멀 ㉮

C. 친구들로부터 줏대 없는 사람이라는 말을 듣는다.   ① ② ③ ④ ⑤ ⑥ ⑦ 멀 ㉮

19   멀다 가깝다

A. 누구와도 편하게 이야기할 수 있다.   ① ② ③ ④ ⑤ ⑥ ⑦ 멀 ㉮

B. 다른 사람을 싫어한 적은 한 번도 없다.   ① ② ③ ④ ⑤ ⑥ ⑦ 멀 ㉮

C. 리더로서 인정을 받고 싶다.   ① ② ③ ④ ⑤ ⑥ ⑦ 멀 ㉮

20

멀다 가깝다

A. 기다리는 것에 짜증내는 편이다. ① ② ③ ④ ⑤ ⑥ ⑦ 멀 깐
B. 지루하면 마구 떠들고 싶어진다. ① ② ③ ④ ⑤ ⑥ ⑦ 멀 깐
C. 남과 친해지려면 용기가 필요하다. ① ② ③ ④ ⑤ ⑥ ⑦ 멀 깐

21

멀다 가깝다

A. 사물을 과장해서 말한 적은 없다. ① ② ③ ④ ⑤ ⑥ ⑦ 멀 깐
B. 항상 천재지변을 당하지 않을까 걱정하고 있다. ① ② ③ ④ ⑤ ⑥ ⑦ 멀 깐
C. 어떤 일이 있어도 의욕을 가지고 열심히 하는 편이다. ① ② ③ ④ ⑤ ⑥ ⑦ 멀 깐

22

멀다 가깝다

A. 그룹 내에서는 누군가의 주도하에 따라가는 경우가 많다. ① ② ③ ④ ⑤ ⑥ ⑦ 멀 깐
B. 내성적이라고 생각한다. ① ② ③ ④ ⑤ ⑥ ⑦ 멀 깐
C. 모르는 사람과 이야기하는 것은 용기가 필요하다. ① ② ③ ④ ⑤ ⑥ ⑦ 멀 깐

23

멀다 가깝다

A. 집에서 가만히 있으면 기분이 우울해진다. ① ② ③ ④ ⑤ ⑥ ⑦ 멀 깐
B. 당황하면 갑자기 땀이 나서 신경 쓰일 때가 있다. ① ② ③ ④ ⑤ ⑥ ⑦ 멀 깐
C. 차분하다는 말을 듣는다. ① ② ③ ④ ⑤ ⑥ ⑦ 멀 깐

24

멀다 가깝다

A. 어색해지면 입을 다무는 경우가 많다. ① ② ③ ④ ⑤ ⑥ ⑦ 멀 깐
B. 융통성이 없는 편이다. ① ② ③ ④ ⑤ ⑥ ⑦ 멀 깐
C. 이유도 없이 화가 치밀 때가 있다. ① ② ③ ④ ⑤ ⑥ ⑦ 멀 깐

25

멀다 가깝다

A. 자질구레한 걱정이 많다. ① ② ③ ④ ⑤ ⑥ ⑦ 멀 깐
B. 다른 사람을 의심한 적이 한 번도 없다. ① ② ③ ④ ⑤ ⑥ ⑦ 멀 깐
C. 지금까지 후회를 한 적이 없다. ① ② ③ ④ ⑤ ⑥ ⑦ 멀 깐

26

A. 무슨 일이든 자신을 가지고 행동한다.　　① ② ③ ④ ⑤ ⑥ ⑦ 멀 가
B. 자주 깊은 생각에 잠긴다.　　① ② ③ ④ ⑤ ⑥ ⑦ 멀 가
C. 가만히 있지 못할 정도로 불안해질 때가 많다.　　① ② ③ ④ ⑤ ⑥ ⑦ 멀 가

27

멀다 가깝다

A. 스포츠 선수가 되고 싶다고 생각한 적이 있다.　　① ② ③ ④ ⑤ ⑥ ⑦ 멀 가
B. 유명인과 서로 아는 사람이 되고 싶다.　　① ② ③ ④ ⑤ ⑥ ⑦ 멀 가
C. 연예인에 대해 동경한 적이 없다.　　① ② ③ ④ ⑤ ⑥ ⑦ 멀 가

28

멀다 가깝다

A. 휴일은 세부적인 예정을 세우고 보낸다.　　① ② ③ ④ ⑤ ⑥ ⑦ 멀 가
B. 잘하지 못하는 것이라도 자진해서 한다.　　① ② ③ ④ ⑤ ⑥ ⑦ 멀 가
C. 이유도 없이 다른 사람과 부딪힐 때가 있다.　　① ② ③ ④ ⑤ ⑥ ⑦ 멀 가

29

멀다 가깝다

A. 타인의 일에는 별로 관여하고 싶지 않다고 생각한다.　　① ② ③ ④ ⑤ ⑥ ⑦ 멀 가
B. 의견이 다른 사람과는 어울리지 않는다.　　① ② ③ ④ ⑤ ⑥ ⑦ 멀 가
C. 주위의 영향을 받기 쉽다.　　① ② ③ ④ ⑤ ⑥ ⑦ 멀 가

30

멀다 가깝다

A. 지인을 발견해도 만나고 싶지 않을 때가 많다.　　① ② ③ ④ ⑤ ⑥ ⑦ 멀 가
B. 굳이 말하자면 자의식 과잉이다.　　① ② ③ ④ ⑤ ⑥ ⑦ 멀 가
C. 몸을 움직이는 것을 좋아한다.　　① ② ③ ④ ⑤ ⑥ ⑦ 멀 가

31

멀다 가깝다

A. 무슨 일이든 생각해 보지 않으면 만족하지 못한다.　　① ② ③ ④ ⑤ ⑥ ⑦ 멀 가
B. 다수의 반대가 있더라도 자신의 생각대로 행동한다.　　① ② ③ ④ ⑤ ⑥ ⑦ 멀 가
C. 지금까지 다른 사람의 마음에 상처준 일이 없다.　　① ② ③ ④ ⑤ ⑥ ⑦ 멀 가

32

A. 실행하기 전에 재고하는 경우가 많다. ① ② ③ ④ ⑤ ⑥ ⑦ 멀 ㉮
B. 완고한 편이라고 생각한다. ① ② ③ ④ ⑤ ⑥ ⑦ 멀 ㉮
C. 작은 소리도 신경 쓰인다. ① ② ③ ④ ⑤ ⑥ ⑦ 멀 ㉮

33

멀다 가깝다

A. 다소 무리를 하더라도 피로해지지 않는다. ① ② ③ ④ ⑤ ⑥ ⑦ 멀 ㉮
B. 다른 사람보다 고집이 세다. ① ② ③ ④ ⑤ ⑥ ⑦ 멀 ㉮
C. 성격이 밝다는 말을 듣는다. ① ② ③ ④ ⑤ ⑥ ⑦ 멀 ㉮

34

멀다 가깝다

A. 다른 사람이 부럽다고 생각한 적이 한 번도 없다. ① ② ③ ④ ⑤ ⑥ ⑦ 멀 ㉮
B. 자신의 페이스를 잃지 않는다. ① ② ③ ④ ⑤ ⑥ ⑦ 멀 ㉮
C. 굳이 말하면 이상주의자다. ① ② ③ ④ ⑤ ⑥ ⑦ 멀 ㉮

35

멀다 가깝다

A. 가능성에 눈을 돌린다. ① ② ③ ④ ⑤ ⑥ ⑦ 멀 ㉮
B. 튀는 것을 싫어한다. ① ② ③ ④ ⑤ ⑥ ⑦ 멀 ㉮
C. 방법이 정해진 일은 안심할 수 있다. ① ② ③ ④ ⑤ ⑥ ⑦ 멀 ㉮

36

멀다 가깝다

A. 매사에 감정적으로 생각한다. ① ② ③ ④ ⑤ ⑥ ⑦ 멀 ㉮
B. 스케줄을 짜고 행동하는 편이다. ① ② ③ ④ ⑤ ⑥ ⑦ 멀 ㉮
C. 지나치게 합리적으로 결론짓는 것은 좋지 않다. ① ② ③ ④ ⑤ ⑥ ⑦ 멀 ㉮

37

멀다 가깝다

A. 다른 사람의 의견에 귀를 기울인다. ① ② ③ ④ ⑤ ⑥ ⑦ 멀 ㉮
B. 사람들 앞에 잘 나서지 못한다. ① ② ③ ④ ⑤ ⑥ ⑦ 멀 ㉮
C. 임기응변에 능하다. ① ② ③ ④ ⑤ ⑥ ⑦ 멀 ㉮

38
                                                                    멀다 가깝다

A. 꿈을 가진 사람에게 끌린다.　　　　　　　① ② ③ ④ ⑤ ⑥ ⑦ 멀 ㉮

B. 직감적으로 판단한다.　　　　　　　　　① ② ③ ④ ⑤ ⑥ ⑦ 멀 ㉮

C. 틀에 박힌 일은 싫다.　　　　　　　　　① ② ③ ④ ⑤ ⑥ ⑦ 멀 ㉮

39
                                                                    멀다 가깝다

A. 친구가 돈을 빌려달라고 하면 거절하지 못한다.　① ② ③ ④ ⑤ ⑥ ⑦ 멀 ㉮

B. 어려움에 처한 사람을 보면 원인을 생각한다.　① ② ③ ④ ⑤ ⑥ ⑦ 멀 ㉮

C. 매사에 이론적으로 생각한다.　　　　　　① ② ③ ④ ⑤ ⑥ ⑦ 멀 ㉮

40
                                                                    멀다 가깝다

A. 혼자 꾸준히 하는 것을 좋아한다.　　　　① ② ③ ④ ⑤ ⑥ ⑦ 멀 ㉮

B. 튀는 것을 좋아한다.　　　　　　　　　① ② ③ ④ ⑤ ⑥ ⑦ 멀 ㉮

C. 굳이 말하자면 보수적이라 생각한다.　　① ② ③ ④ ⑤ ⑥ ⑦ 멀 ㉮

41
                                                                    멀다 가깝다

A. 다른 사람과 만났을 때 화제에 부족함이 없다.　① ② ③ ④ ⑤ ⑥ ⑦ 멀 ㉮

B. 그때그때의 기분으로 행동하는 경우가 많다.　① ② ③ ④ ⑤ ⑥ ⑦ 멀 ㉮

C. 현실적인 사람에게 끌린다.　　　　　　① ② ③ ④ ⑤ ⑥ ⑦ 멀 ㉮

42
                                                                    멀다 가깝다

A. 병이 아닌지 걱정이 들 때가 있다.　　　① ② ③ ④ ⑤ ⑥ ⑦ 멀 ㉮

B. 자의식 과잉이라는 생각이 들 때가 있다.　① ② ③ ④ ⑤ ⑥ ⑦ 멀 ㉮

C. 막무가내라는 말을 들을 때가 많다.　　① ② ③ ④ ⑤ ⑥ ⑦ 멀 ㉮

43
                                                                    멀다 가깝다

A. 푸념을 한 적이 없다.　　　　　　　　　① ② ③ ④ ⑤ ⑥ ⑦ 멀 ㉮

B. 수다를 좋아한다.　　　　　　　　　　① ② ③ ④ ⑤ ⑥ ⑦ 멀 ㉮

C. 부모에게 불평을 한 적이 한 번도 없다.　① ② ③ ④ ⑤ ⑥ ⑦ 멀 ㉮

44

A. 친구들이 나를 진지한 사람으로 생각하고 있다.   ① ② ③ ④ ⑤ ⑥ ⑦ 멀 ㉮

B. 엉뚱한 생각을 잘한다.   ① ② ③ ④ ⑤ ⑥ ⑦ 멀 ㉮

C. 이성적인 사람이라는 말을 듣고 싶다.   ① ② ③ ④ ⑤ ⑥ ⑦ 멀 ㉮

45

멀다 가깝다

A. 예정에 얽매이는 것을 싫어한다.   ① ② ③ ④ ⑤ ⑥ ⑦ 멀 ㉮

B. 굳이 말하자면 장거리주자에 어울린다고 생각한다.   ① ② ③ ④ ⑤ ⑥ ⑦ 멀 ㉮

C. 여행을 가기 전에는 세세한 계획을 세운다.   ① ② ③ ④ ⑤ ⑥ ⑦ 멀 ㉮

46

멀다 가깝다

A. 굳이 말하자면 기가 센 편이다.   ① ② ③ ④ ⑤ ⑥ ⑦ 멀 ㉮

B. 신중하게 생각하는 편이다.   ① ② ③ ④ ⑤ ⑥ ⑦ 멀 ㉮

C. 계획을 생각하기보다는 빨리 실행하고 싶어 한다.   ① ② ③ ④ ⑤ ⑥ ⑦ 멀 ㉮

47

멀다 가깝다

A. 자신을 쓸모없는 인간이라고 생각할 때가 있다.   ① ② ③ ④ ⑤ ⑥ ⑦ 멀 ㉮

B. 아는 사람을 발견해도 피해버릴 때가 있다.   ① ② ③ ④ ⑤ ⑥ ⑦ 멀 ㉮

C. 앞으로의 일을 생각하지 않으면 진정이 되지 않는다.   ① ② ③ ④ ⑤ ⑥ ⑦ 멀 ㉮

48

멀다 가깝다

A. 격렬한 운동도 그다지 힘들어하지 않는다.   ① ② ③ ④ ⑤ ⑥ ⑦ 멀 ㉮

B. 무슨 일이든 먼저 해야 이긴다고 생각한다.   ① ② ③ ④ ⑤ ⑥ ⑦ 멀 ㉮

C. 예정이 없는 상태를 싫어한다.   ① ② ③ ④ ⑤ ⑥ ⑦ 멀 ㉮

49

멀다 가깝다

A. 잘하지 못하는 게임은 하지 않으려고 한다.   ① ② ③ ④ ⑤ ⑥ ⑦ 멀 ㉮

B. 다른 사람에게 의존적이 될 때가 많다.   ① ② ③ ④ ⑤ ⑥ ⑦ 멀 ㉮

C. 대인관계가 귀찮다고 느낄 때가 있다.   ① ② ③ ④ ⑤ ⑥ ⑦ 멀 ㉮

50

A. 장래의 일을 생각하면 불안해질 때가 있다. ① ② ③ ④ ⑤ ⑥ ⑦ 멀 가
B. 가만히 있지 못할 정도로 침착하지 못할 때가 있다. ① ② ③ ④ ⑤ ⑥ ⑦ 멀 가
C. 침울해지면 아무것도 손에 잡히지 않는다. ① ② ③ ④ ⑤ ⑥ ⑦ 멀 가

51

A. 새로운 일에 처음 한 발을 좀처럼 떼지 못한다. ① ② ③ ④ ⑤ ⑥ ⑦ 멀 가
B. 다른 사람이 나를 어떻게 생각하는지 궁금할 때가 많다. ① ② ③ ④ ⑤ ⑥ ⑦ 멀 가
C. 미리 행동을 정해두는 경우가 많다. ① ② ③ ④ ⑤ ⑥ ⑦ 멀 가

52

A. 혼자 생각하는 것을 좋아한다. ① ② ③ ④ ⑤ ⑥ ⑦ 멀 가
B. 다른 사람과 대화하는 것을 좋아한다. ① ② ③ ④ ⑤ ⑥ ⑦ 멀 가
C. 하루의 행동을 반성하는 경우가 많다. ① ② ③ ④ ⑤ ⑥ ⑦ 멀 가

53

A. 어린 시절로 돌아가고 싶을 때가 있다. ① ② ③ ④ ⑤ ⑥ ⑦ 멀 가
B. 인생에서 중요한 것은 높은 목표를 갖는 것이다. ① ② ③ ④ ⑤ ⑥ ⑦ 멀 가
C. 커다란 일을 해보고 싶다. ① ② ③ ④ ⑤ ⑥ ⑦ 멀 가

54

A. 작은 일에 신경 쓰지 않는다. ① ② ③ ④ ⑤ ⑥ ⑦ 멀 가
B. 동작이 기민한 편이다. ① ② ③ ④ ⑤ ⑥ ⑦ 멀 가
C. 소외감을 느낄 때가 있다. ① ② ③ ④ ⑤ ⑥ ⑦ 멀 가

55

A. 혼자 여행을 떠나고 싶을 때가 자주 있다. ① ② ③ ④ ⑤ ⑥ ⑦ 멀 가
B. 눈을 뜨면 바로 일어난다. ① ② ③ ④ ⑤ ⑥ ⑦ 멀 가
C. 항상 활력이 있다. ① ② ③ ④ ⑤ ⑥ ⑦ 멀 가

56

A. 싸움을 한 적이 없다.　　　　　① ② ③ ④ ⑤ ⑥ ⑦ 　멀　　가

B. 끈기가 강하다.　　　　　　　① ② ③ ④ ⑤ ⑥ ⑦ 　멀　　가

C. 변화를 즐긴다.　　　　　　　① ② ③ ④ ⑤ ⑥ ⑦ 　멀　　가

57

멀다 가깝다

A. 굳이 말하자면 혁신적이라고 생각한다.　　① ② ③ ④ ⑤ ⑥ ⑦ 　멀　　가

B. 사람들 앞에 나서는 데 어려움이 없다.　　① ② ③ ④ ⑤ ⑥ ⑦ 　멀　　가

C. 스케줄을 짜지 않고 행동하는 편이다.　　① ② ③ ④ ⑤ ⑥ ⑦ 　멀　　가

58

멀다 가깝다

A. 학구적이라는 인상을 주고 싶다.　　　　① ② ③ ④ ⑤ ⑥ ⑦ 　멀　　가

B. 조직 안에서는 우등생 타입이라고 생각한다.　① ② ③ ④ ⑤ ⑥ ⑦ 　멀　　가

C. 이성적인 사람 밑에서 일하고 싶다.　　　① ② ③ ④ ⑤ ⑥ ⑦ 　멀　　가

59

멀다 가깝다

A. 정해진 절차에 따르는 것을 싫어한다.　　① ② ③ ④ ⑤ ⑥ ⑦ 　멀　　가

B. 경험으로 판단한다.　　　　　　　　　① ② ③ ④ ⑤ ⑥ ⑦ 　멀　　가

C. 틀에 박힌 일을 싫어한다.　　　　　　① ② ③ ④ ⑤ ⑥ ⑦ 　멀　　가

60

멀다 가깝다

A. 그때그때의 기분으로 행동하는 경우가 많다.　① ② ③ ④ ⑤ ⑥ ⑦ 　멀　　가

B. 시간을 정확히 지키는 편이다.　　　　　① ② ③ ④ ⑤ ⑥ ⑦ 　멀　　가

C. 융통성이 있다.　　　　　　　　　　　① ② ③ ④ ⑤ ⑥ ⑦ 　멀　　가

61

멀다 가깝다

A. 이야기하는 것을 좋아한다.　　　　　　① ② ③ ④ ⑤ ⑥ ⑦ 　멀　　가

B. 회합에서는 소개를 받는 편이다.　　　　① ② ③ ④ ⑤ ⑥ ⑦ 　멀　　가

C. 자신의 의견을 밀어붙인다.　　　　　　① ② ③ ④ ⑤ ⑥ ⑦ 　멀　　가

62

A. 현실적이라는 이야기를 듣는다. ① ② ③ ④ ⑤ ⑥ ⑦ 멀 ㉮
B. 계획적인 행동을 중요하게 여긴다. ① ② ③ ④ ⑤ ⑥ ⑦ 멀 ㉮
C. 창의적인 일을 좋아한다. ① ② ③ ④ ⑤ ⑥ ⑦ 멀 ㉮

63

멀다 가깝다

A. 회합에서는 소개를 하는 편이다. ① ② ③ ④ ⑤ ⑥ ⑦ 멀 ㉮
B. 조직 안에서는 독자적으로 움직이는 편이다. ① ② ③ ④ ⑤ ⑥ ⑦ 멀 ㉮
C. 정해진 절차가 바뀌는 것을 싫어한다. ① ② ③ ④ ⑤ ⑥ ⑦ 멀 ㉮

64

멀다 가깝다

A. 일을 선택할 때에는 인간관계를 중시한다. ① ② ③ ④ ⑤ ⑥ ⑦ 멀 ㉮
B. 굳이 말하자면 현실주의자이다. ① ② ③ ④ ⑤ ⑥ ⑦ 멀 ㉮
C. 지나치게 온정을 표시하는 것은 좋지 않다고 생각한다. ① ② ③ ④ ⑤ ⑥ ⑦ 멀 ㉮

65

멀다 가깝다

A. 상상력이 있다는 말을 듣는다. ① ② ③ ④ ⑤ ⑥ ⑦ 멀 ㉮
B. 틀에 박힌 일은 너무 딱딱해서 싫다. ① ② ③ ④ ⑤ ⑥ ⑦ 멀 ㉮
C. 다른 사람이 나를 어떻게 생각하는지 신경 쓰인다. ① ② ③ ④ ⑤ ⑥ ⑦ 멀 ㉮

66

멀다 가깝다

A. 사람들 앞에서 잘 이야기하지 못한다. ① ② ③ ④ ⑤ ⑥ ⑦ 멀 ㉮
B. 친절한 사람이라는 말을 듣고 싶다. ① ② ③ ④ ⑤ ⑥ ⑦ 멀 ㉮
C. 일을 선택할 때에는 일의 보람을 중시한다. ① ② ③ ④ ⑤ ⑥ ⑦ 멀 ㉮

67

멀다 가깝다

A. 뉴스보다 신문을 많이 본다. ① ② ③ ④ ⑤ ⑥ ⑦ 멀 ㉮
B. 시간을 분 단위로 나눠 쓴다. ① ② ③ ④ ⑤ ⑥ ⑦ 멀 ㉮
C. 아이디어 회의 중 모든 의견은 존중되어야 한다. ① ② ③ ④ ⑤ ⑥ ⑦ 멀 ㉮

68

멀다 가깝다

A. 주위 사람에게 인사하는 것이 귀찮다. ① ② ③ ④ ⑤ ⑥ ⑦ 멀 ㉮

B. 남의 의견을 절대 참고하지 않는다. ① ② ③ ④ ⑤ ⑥ ⑦ 멀 ㉮

C. 남의 말을 호의적으로 받아들인다. ① ② ③ ④ ⑤ ⑥ ⑦ 멀 ㉮

69

멀다 가깝다

A. 광고를 보면 그 물건을 사고 싶다. ① ② ③ ④ ⑤ ⑥ ⑦ 멀 ㉮

B. 컨디션에 따라 기분이 잘 변한다. ① ② ③ ④ ⑤ ⑥ ⑦ 멀 ㉮

C. 많은 사람 앞에서 말하는 것이 서툴다. ① ② ③ ④ ⑤ ⑥ ⑦ 멀 ㉮

70

멀다 가깝다

A. 열등감으로 자주 고민한다. ① ② ③ ④ ⑤ ⑥ ⑦ 멀 ㉮

B. 부모님에게 불만을 느낀다. ① ② ③ ④ ⑤ ⑥ ⑦ 멀 ㉮

C. 칭찬도 나쁘게 받아들이는 편이다. ① ② ③ ④ ⑤ ⑥ ⑦ 멀 ㉮

71

멀다 가깝다

A. 친구 말을 듣는 편이다. ① ② ③ ④ ⑤ ⑥ ⑦ 멀 ㉮

B. 자신의 입장을 잊어버릴 때가 있다. ① ② ③ ④ ⑤ ⑥ ⑦ 멀 ㉮

C. 실패해도 또다시 도전한다. ① ② ③ ④ ⑤ ⑥ ⑦ 멀 ㉮

72

멀다 가깝다

A. 휴식시간에도 일하고 싶다. ① ② ③ ④ ⑤ ⑥ ⑦ 멀 ㉮

B. 여간해서 흥분하지 않는 편이다. ① ② ③ ④ ⑤ ⑥ ⑦ 멀 ㉮

C. 혼자 지내는 시간이 즐겁다. ① ② ③ ④ ⑤ ⑥ ⑦ 멀 ㉮

73

멀다 가깝다

A. 손재주는 비교적 있는 편이다. ① ② ③ ④ ⑤ ⑥ ⑦ 멀 ㉮

B. 계산에 밝은 사람은 꺼려진다. ① ② ③ ④ ⑤ ⑥ ⑦ 멀 ㉮

C. 공상이나 상상을 많이 하는 편이다. ① ② ③ ④ ⑤ ⑥ ⑦ 멀 ㉮

74

A. 창조적인 일을 하고 싶다.   ① ② ③ ④ ⑤ ⑥ ⑦ 멀 ㉮

B. 규칙적인 것이 싫다.   ① ② ③ ④ ⑤ ⑥ ⑦ 멀 ㉮

C. 남을 지배하는 사람이 되고 싶다.   ① ② ③ ④ ⑤ ⑥ ⑦ 멀 ㉮

75

멀다 가깝다

A. 새로운 변화를 싫어한다.   ① ② ③ ④ ⑤ ⑥ ⑦ 멀 ㉮

B. 급진적인 변화를 좋아한다.   ① ② ③ ④ ⑤ ⑥ ⑦ 멀 ㉮

C. 규칙을 잘 지킨다.   ① ② ③ ④ ⑤ ⑥ ⑦ 멀 ㉮

76

멀다 가깝다

A. 스트레스 관리를 잘한다.   ① ② ③ ④ ⑤ ⑥ ⑦ 멀 ㉮

B. 스트레스를 받아도 화를 잘 참는다.   ① ② ③ ④ ⑤ ⑥ ⑦ 멀 ㉮

C. 틀리다고 생각하면 필사적으로 부정한다.   ① ② ③ ④ ⑤ ⑥ ⑦ 멀 ㉮

77

멀다 가깝다

A. 스트레스를 받을 때 타인에게 화를 내지 않는다.   ① ② ③ ④ ⑤ ⑥ ⑦ 멀 ㉮

B. 자신을 비난하는 사람은 피하는 편이다.   ① ② ③ ④ ⑤ ⑥ ⑦ 멀 ㉮

C. 잘못된 부분을 보면 그냥 지나치지 못한다.   ① ② ③ ④ ⑤ ⑥ ⑦ 멀 ㉮

78

멀다 가깝다

A. 귀찮은 일은 남에게 부탁하는 편이다.   ① ② ③ ④ ⑤ ⑥ ⑦ 멀 ㉮

B. 어머니의 친구 분을 대접하는 것이 귀찮다.   ① ② ③ ④ ⑤ ⑥ ⑦ 멀 ㉮

C. 마음에 걸리는 일은 머릿속에서 떠나지 않는다.   ① ② ③ ④ ⑤ ⑥ ⑦ 멀 ㉮

79

멀다 가깝다

A. 휴일에는 아무것도 하고 싶지 않다.   ① ② ③ ④ ⑤ ⑥ ⑦ 멀 ㉮

B. 과거로 돌아가고 싶다는 생각이 강하다.   ① ② ③ ④ ⑤ ⑥ ⑦ 멀 ㉮

C. 남들과 타협하기를 싫어하는 편이었다.   ① ② ③ ④ ⑤ ⑥ ⑦ 멀 ㉮

80

멀다 가깝다

A. 친구와 싸우면 서먹서먹해진다. ① ② ③ ④ ⑤ ⑥ ⑦ 멀 ㉮
B. 아무것도 하지 않고 가만히 있을 수 있다. ① ② ③ ④ ⑤ ⑥ ⑦ 멀 ㉮
C. 내가 말한 것이 틀리면 정정할 수 있다. ① ② ③ ④ ⑤ ⑥ ⑦ 멀 ㉮

81

멀다 가깝다

A. 남들이 나를 추켜올려 주면 기분이 좋다. ① ② ③ ④ ⑤ ⑥ ⑦ 멀 ㉮
B. 다른 사람들의 주목을 받는 게 좋다. ① ② ③ ④ ⑤ ⑥ ⑦ 멀 ㉮
C. 기분이 잘 바뀌는 편에 속한다. ① ② ③ ④ ⑤ ⑥ ⑦ 멀 ㉮

82

멀다 가깝다

A. 공상 속의 친구가 있기도 한다. ① ② ③ ④ ⑤ ⑥ ⑦ 멀 ㉮
B. 주변 사람들이 칭찬해 주면 어색해 한다. ① ② ③ ④ ⑤ ⑥ ⑦ 멀 ㉮
C. 타인의 비난을 받으면 눈물을 잘 보인다. ① ② ③ ④ ⑤ ⑥ ⑦ 멀 ㉮

83

멀다 가깝다

A. 한 번 시작한 일은 마무리를 꼭 한다. ① ② ③ ④ ⑤ ⑥ ⑦ 멀 ㉮
B. 아무도 찬성해 주지 않아도 내 의견을 말한다. ① ② ③ ④ ⑤ ⑥ ⑦ 멀 ㉮
C. 자신의 방법으로 혼자서 일을 하는 것을 좋아한다. ① ② ③ ④ ⑤ ⑥ ⑦ 멀 ㉮

84

멀다 가깝다

A. 중요한 순간에 실패할까봐 불안하였다. ① ② ③ ④ ⑤ ⑥ ⑦ 멀 ㉮
B. 가능하다면 내 자신을 많이 뜯어고치고 싶었다. ① ② ③ ④ ⑤ ⑥ ⑦ 멀 ㉮
C. 운동을 하고 있을 때는 생기가 넘친다. ① ② ③ ④ ⑤ ⑥ ⑦ 멀 ㉮

85

멀다 가깝다

A. 오랫동안 가만히 앉아 있는 것은 싫다. ① ② ③ ④ ⑤ ⑥ ⑦ 멀 ㉮
B. 신문을 읽을 때 슬픈 기사에만 눈길이 간다. ① ② ③ ④ ⑤ ⑥ ⑦ 멀 ㉮
C. 내 생각과 다른 사람이 있으면 불안하였다. ① ② ③ ④ ⑤ ⑥ ⑦ 멀 ㉮

롯데그룹 면접

1. 면접 주요사항

면접의 사전적 정의는 면접관이 지원자를 직접 만나보고 인품(人品)이나 언행(言行) 따위를 시험하는 일로, 흔히 필기시험 후에 최종적으로 심사하는 방법이다.

최근 주요 기업의 인사담당자들을 대상으로 채용 시 면접이 차지하는 비중을 설문조사했을 때, 50 ~ 80% 이상이라고 답한 사람이 전체 응답자의 80%를 넘었다. 이와 대조적으로 지원자들을 대상으로 취업 시험에서 면접을 준비하는 기간을 물었을 때, 대부분의 응답자가 2 ~ 3일 정도라고 대답했다.

지원자가 일정 수준의 스펙을 갖추기 위해 자격증 시험과 토익을 치르고 이력서와 자기소개서까지 쓰다 보면 면접까지 챙길 여유가 없는 것이 사실이다. 그리고 서류전형과 인적성검사를 통과해야만 면접을 볼 수 있기 때문에 자연스럽게 면접은 취업시험 과정에서 그 비중이 작아질 수밖에 없다. 하지만 아이러니하게도 실제 채용 과정에서 면접이 차지하는 비중은 절대적이라고 해도 과언이 아니다.

기업들은 채용 과정에서 토론 면접, 인성 면접, 프레젠테이션 면접, 역량 면접 등의 다양한 면접을 실시한다. 1차 커트라인이라고 할 수 있는 서류전형을 통과한 지원자들의 스펙이나 능력은 서로 엇비슷하다고 판단되기 때문에 서류상 보이는 자격증이나 토익 성적보다는 지원자의 인성을 파악하기 위해 면접을 더욱 강화하는 것이다. 일부 기업은 의도적으로 압박 면접을 실시하기도 한다. 지원자가 당황할 수 있는 질문을 던져서 그것에 대한 지원자의 반응을 살펴보는 것이다.

면접은 다르게 생각한다면 '나는 누구인가'에 대한 물음에 해답을 줄 수 있는 가장 현실적이고 미래적인 경험이 될 수 있다. 취업난 속에서 자격증을 취득하고 토익 성적을 올리기 위해 앞만 보고 달려온 지원자들은 자신에 대해서 고민하고 탐구할 수 있는 시간을 평소 쉽게 가질 수 없었을 것이다. 자신을 잘 알고 있어야 자신에 대해서 자신감 있게 말할 수 있다. 대체로 사람들은 자신에게 관대한 편이기 때문에 스스로에 대해서 어떤 기대와 환상을 가지고 있는 경우가 많다. 하지만 면접은 제삼자에 의해 개인의 능력을 객관적으로 평가받는 시험이다. 어떤 지원자들은 다른 사람에게 자신을 표현하는 것을 어려워한다. 평소에 잘 사용하지 않는 용어를 내뱉으면서 거창하게 자신을 포장하는 지원자도 많다. 면접에서 가장 기본은 자기 자신을 면접관에게 알기 쉽게 표현하는 것이다.

이러한 표현을 바탕으로 자신이 앞으로 하고자 하는 것과 그에 대한 이유를 설명해야 한다. 최근에는 자신감을 향상시키거나 말하는 능력을 높이는 학원도 많기 때문에 얼마든지 자신의 단점을 극복할 수 있다.

(1) 자기소개의 기술

자기소개를 시키는 이유는 면접자가 지원자의 자기소개서를 압축해서 듣고, 지원자의 첫인상을 평가할 시간을 가질 수 있기 때문이다. 면접을 위한 워밍업이라고 할 수 있으며, 첫인상을 결정하는 과정이므로 매우 중요한 순간이다.

① 정해진 시간에 자기소개를 마쳐야 한다.

쉬워 보이지만 의외로 지원자들이 정해진 시간을 넘기거나 혹은 빨리 끝내서 면접관에게 지적을 받는 경우가 많다. 본인이 면접을 받는 마지막 지원자가 아닌 이상, 정해진 시간을 지키지 않는 것은 수많은 지원자를 상대하기에 바쁜 면접관과 대기 시간에 지친 다른 지원자들에게 불쾌감을 줄 수 있다.

또한 회사에서 시간관념은 절대적인 것이므로 반드시 자기소개 시간을 지켜야 한다. 말하기는 1분에 200자 원고지 2장 분량의 글을 읽는 만큼의 속도가 가장 적당하다. 이를 A4 용지에 10point 글자 크기로 작성하면 반 장 분량이 된다.

② 간단하지만 신선한 문구로 자기소개를 시작하자.

요즈음 많은 지원자가 이 방법을 사용하고 있기 때문에 웬만한 소재의 문구가 아니면 면접관의 관심을 받을 수 없다. 이러한 문구는 시대적으로 유행하는 광고 카피를 패러디하는 경우와 격언 등을 인용하는 경우, 그리고 지원한 회사의 IC나 경영이념, 인재상 등을 사용하는 경우 등이 있다. 지원자는 이러한 여러 문구 중에 자신의 첫인상을 북돋아 줄 수 있는 것을 선택해서 말해야 한다. 자신의 이름을 문구 속에 적절하게 넣어서 말한다면 좀 더 효과적인 자기소개가 될 것이다.

③ 무엇을 먼저 말할 것인지 고민하자.

면접관이 많이 던지는 질문 중 하나가 지원동기이다. 그래서 성장기를 바로 건너뛰고, 지원한 회사에 들어오기 위해 대학에서 어떻게 준비했는지를 설명하는 자기소개가 대세이다.

④ 면접관의 호기심을 자극해 관심을 불러일으킬 수 있게 말하라.

면접관에게 질문을 많이 받는 지원자의 합격률이 반드시 높은 것은 아니지만, 질문을 전혀 안 받는 것보다는 좋은 평가를 기대할 수 있다. 질문을 받기 위해 면접관의 호기심을 자극할 수 있는 가장 좋은 방법은 대학생활을 이야기하면서 자신의 장기를 잠깐 넣는 것이다.

지원한 분야와 관련된 수상 경력이나 프로젝트 등을 말하는 것도 좋다. 이는 지원자의 업무 능력과 직접 연결되는 것이므로 효과적인 자기 홍보가 될 수 있다. 일부 지원자들은 자신만의 특별한 경험을 이야기하는데, 이때는 그 경험이 보편적으로 사람들의 공감대를 얻을 수 있는 것인지 다시 생각해봐야 한다.

⑤ 마지막 고개를 넘기가 가장 힘들다.

첫 단추도 중요하지만, 마지막 단추도 중요하다. 하지만 왠지 격식을 따지는 인사말은 지나가는 인사말 같고, 다르게 하자니 예의에 어긋나는 것 같은 기분이 든다. 이때는 처음에 했던 자신만의 문구를 다시 한 번 말하는 것도 좋은 방법이다. 자연스러운 끝맺음이 될 수 있도록 적절한 연습이 필요하다.

(2) 1분 자기소개 시 주의사항

① 자기소개서와 자기소개가 똑같다면 감점일까?

아무리 자기소개서를 외워서 말한다 해도 자기소개가 자기소개서와 완전히 똑같을 수는 없다. 자기소개서의 분량이 더 많고 회사마다 요구하는 필수 항목들이 있기 때문에 군이 고민할 필요는 없다. 오히려 자기소개서의 내용을 잘 정리한 자기소개가 더 좋은 결과를 만들 수 있다. 하지만 자기소개서와 상반된 내용을 말하는 것은 적절하지 않다. 지원자의 신뢰성이 떨어진다는 것은 곧 불합격을 의미하기 때문이다.

② 말하는 자세를 바르게 익혀라.

지원자가 자기소개를 하는 동안 면접관은 지원자의 동작 하나하나를 관찰한다. 그렇기 때문에 바른 자세가 중요하다는 것은 우리가 익히 알고 있다. 하지만 문제는 무의식적으로 나오는 습관 때문에 자세가 흐트러져 나쁜 인상을 줄 수 있다는 것이다. 이러한 습관을 고칠 수 있는 가장 좋은 방법은 캠코더 등으로 자신의 모습을 담는 것이다. 거울을 사용할 경우에는 시선이 자꾸 자기 눈과 마주치기 때문에 집중하기 힘들다. 하지만 촬영된 동영상은 제삼자의 입장에서 자신을 볼 수 있기 때문에 많은 도움이 된다.

③ 정확한 발음과 억양으로 자신 있게 말하라.

지원자의 모양새가 아무리 뛰어나도, 목소리가 작고 발음이 부정확하면 큰 감점을 받는다. 이러한 모습은 지원자의 좋은 점에까지 악영향을 끼칠 수 있다. 직장을 흔히 사회생활의 시작이라고 말하는 시대적 정서에서 사람들과 의사소통을 하는 데 문제가 있다고 판단되는 지원자는 부적절한 인재로 평가될 수밖에 없다.

(3) 대화법

전문가들이 말하는 대화법의 핵심은 '상대방을 배려하면서 이야기하라.'는 것이다. 대화는 나와 다른 사람의 소통이다. 내용에 대한 공감이나 이해가 없다면 대화는 더 진전되지 않는다.

베스트셀러 『카네기 인간관계론』의 작가인 철학자 카네기가 말하는 최상의 대화법은 자신의 경험을 토대로 이야기하는 것이다. 즉, 살아오면서 직접 겪은 경험이 상대방의 관심을 끌 수 있는 가장 좋은 이야깃거리인 것이다. 특히, 어떤 일을 이루기 위해 노력하는 과정에서 겪은 실패나 희망에 대해 진솔하게 얘기한다면 상대방은 어느새 당신의 편에 서서 그 이야기에 동조할 것이다.

독일의 사업가이자, 동기부여 트레이너인 위르겐 힐러의 연설법 중 가장 유명한 것은 '시즐(Sizzle)'을 잡는 것이다. 시즐이란, 새우튀김이나 돈가스가 기름에서 지글지글 튀겨질 때 나는 소리이다. 즉, 자신의 말을 듣고 시즐처럼 반응하는 상대방의 감정에 적절하게 대응하라는 것이다.

말을 시작한 지 10 ~ 15초 안에 상대방의 '시즐'을 알아차려야 한다. 자신의 이야기에 대한 상대방의 첫 반응에 따라 말하기 전략도 달라져야 한다. 첫 이야기의 반응이 미지근하다면 가능한 한 그 이야기를 빨리 마무리하고 새로운 이야깃거리를 생각해내야 한다. 길지 않은 면접 시간 내에 몇 번 오지 않는 대답의 기회를 살리기 위해서 보다 전략적이고 냉철해야 하는 것이다.

(4) 차림새

① 구두

면접에 어떤 옷을 입어야 할지를 며칠 동안 고민하면서 정작 구두는 면접 보는 날 현관을 나서면서 즉흥적으로 신고 가는 지원자들이 많다. 구두를 보면 그 사람의 됨됨이를 알 수 있다고 한다. 면접관 역시 이러한 것을 놓치지 않기 때문에 지원자는 자신의 구두에 더욱 신경을 써야 한다. 스타일의 마무리는 발끝에서 이루어지는 것이다. 아무리 멋진 옷을 입고 있어도 구두가 어울리지 않는다면 전체 스타일이 흐트러지기 때문이다. 정장용 구두는 디자인이 깔끔하고, 에나멜 가공처리를 하여 광택이 도는 페이턴트 가죽 소재 제품이 무난하다. 검정 계열 구두는 회색과 감색 정장에, 브라운 계열의 구두는 베이지나 갈색 정장에 어울린다. 참고로 구두는 오전에 사는 것보다 발이 충분히 부은 상태인 저녁에 사는 것이 좋다. 마지막으로 당연한 일이지만 반드시 면접을 보는 전날 구두 뒤축이 닳지는 않았는지 확인하고 구두에 광을 내 둔다.

② 양말

양말은 정장과 구두의 색상을 비교해서 골라야 한다. 특히 검정이나 감색의 진한 색상의 바지에 흰 양말을 신는 것은 시대에 뒤처지는 일이다. 일반적으로 양말의 색깔은 바지의 색깔과 같아야 한다. 또한 양말의 길이도 신경 써야 한다. 바지를 입을 경우, 의자에 바르게 앉거나 다리를 꼬아서 앉을 때 다리털이 보여서는 안 된다. 반드시 긴 정장 양말을 신어야 한다.

③ 정장

지원자는 평소에 정장을 입을 기회가 많지 않기 때문에 면접을 볼 때 본인 스스로도 옷을 어색하게 느끼는 경우가 많다. 옷을 불편하게 느끼기 때문에 자세마저 불안정한 지원자도 볼 수 있다. 그러므로 면접 전에 정장을 입고 생활해보는 것도 나쁘지는 않다.

일반적으로 면접을 볼 때는 상대방에게 신뢰감을 줄 수 있는 남색 계열의 옷이나 어떤 계절이든 무난하고 깔끔해보이는 회색 계열의 정장을 많이 입는다. 정장은 유행에 따라서 재킷의 디자인이나 버튼의 개수가 바뀌기 때문에 너무 오래된 옷을 입어서 다른 사람의 옷을 빌려 입고 나온 듯한 인상을 주어서는 안 된다.

④ 메이크업과 헤어스타일

자신에게 어울리는 메이크업을 하거나, 헤어스타일에 자신이 없다면 미용실에 다녀오는 것도 좋은 방법이다. 지나치게 화려한 스타일이 아니라면 보다 준비된 지원자처럼 보일 수 있다.

(5) 첫인상

취업을 위해 성형수술을 받는 사람들에 대한 이야기는 더 이상 뉴스거리가 되지 않는다. 그만큼 많은 사람이 좁은 취업문을 뚫기 위해 이미지 향상에 신경을 쓰고 있다. 이는 면접관에게 좋은 첫인상을 주기 위한 것으로, 지원서에 올리는 증명사진을 이미지 프로그램을 통해 수정하는 이른바 '사이버 성형'이 유행하는 것과 같은 맥락이다. 실제로 외모가 채용 과정에서 영향을 끼치는가에 대한 설문조사에서도 60% 이상의 인사담당자들이 그렇다고 답변했다.

하지만 외모와 첫인상을 절대적인 관계로 이해하는 것은 잘못된 판단이다. 외모가 첫인상에서 많은 부분을 차지하지만, 외모 외에 다른 결점이 발견된다면 그로 인해 장점들이 가려질 수도 있다. 이러한 현상은 아래에서 다시 논하겠다.

첫인상은 말 그대로 한 번밖에 기회가 주어지지 않으며 몇 초 안에 결정된다. 첫인상을 결정짓는 요소 중 시각적인 요소가 80% 이상을 차지한다. 첫눈에 들어오는 생김새나 복장, 표정 등에 의해서 결정되는 것이다. 면접을 시작할 때 자기소개를 시키는 것도 지원자별로 첫인상을 평가하기 위해서이다. 첫인상이 중요한 이유는 만약 첫인상이 부정적으로 인지될 경우, 지원자의 다른 좋은 면까지 거부당하기 때문이다. 이러한 현상을 심리학에서는 초두효과(Primacy Effect)라고 한다.

그래서 한 번 형성된 첫인상은 여간해서 바꾸기 힘들다. 이는 첫인상이 나중에 들어오는 정보까지 영향을 주기 때문이다. 첫인상의 정보가 나중에 들어오는 정보 처리의 지침이 되는 것을 심리학에서는 맥락효과(Context Effect)라고 한다. 따라서 평소에 첫인상을 좋게 만들기 위한 노력을 꾸준히 해야만 하는 것이다.

좋은 첫인상이 반드시 외모에만 집중되는 것은 아니다. 오히려 깔끔한 옷차림과 부드러운 표정 그리고 말과 행동 등에 의해 전반적인 이미지가 만들어진다. 누구나 이러한 것 중에 한두 가지 단점을 가지고 있다. 요즈음은 이미지 컨설팅을 통해서 자신의 단점들을 보완하는 지원자도 있다. 특히, 표정이 밝지 않은 지원자는 평소 웃는 연습을 의식적으로 하여 면접을 받는 동안 계속해서 여유 있는 표정을 짓는 것이 중요하다. 성공한 사람들은 인상이 좋다는 것을 명심하자.

2. 면접의 유형 및 실전 대책

(1) 면접의 유형

과거 천편일률적인 일대일 면접과 달리 면접에는 다양한 유형이 도입되어 현재는 "면접은 이렇게 보는 것이다." 라고 말할 수 있는 정해진 유형이 없어졌다. 그러나 대기업 면접에서는 현재까지는 집단 면접과 다대일 면접이 진행되고 있으므로 어느 정도 유형을 파악하여 사전에 대비가 가능하다. 면접의 기본인 단독 면접부터, 다대일 면접, 집단 면접의 유형과 그 대책에 대해 알아보자.

① 단독 면접

단독 면접이란 응시자와 면접관이 1대1로 마주하는 형식을 말한다. 면접위원 한 사람과 응시자 한 사람이 마주 앉아 자유로운 화제를 가지고 질의응답을 되풀이하는 방식이다. 이 방식은 면접의 가장 기본적인 방법 으로 소요시간은 10 ~ 20분 정도가 일반적이다.

• 장점

필기시험 등으로 판단할 수 없는 성품이나 능력을 알아내는 데 가장 적합하다고 평가받아 온 면접방식으로 응시자 한 사람 한 사람에 대해 여러 면에서 비교적 폭넓게 파악할 수 있다. 응시자의 입장에서는 한 사람 의 면접관만을 대하는 것이므로 상대방에게 집중할 수 있으며, 긴장감도 다른 면접방식에 비해서는 적은 편이다.

• 단점

면접관의 주관이 강하게 작용해 객관성을 저해할 소지가 있으며, 면접 평가표를 활용한다 하더라도 일면적 인 평가에 그칠 가능성을 배제할 수 없다. 또한 시간이 많이 소요되는 것도 단점이다.

> **단독 면접 준비 Point**
>
> 단독 면접에 대비하기 위해서는 평소 1대1로 논리 정연하게 대화를 나눌 수 있는 능력을 기르는 것이 중요하다. 그리고 면접장에서는 면접관을 선배나 선생님 혹은 집안 어른을 대하는 기분으로 면접에 임하는 것이 부담도 훨씬 적고 실력을 발휘할 수 있는 방법이 될 것이다.

② 다대일 면접

다대일 면접은 일반적으로 가장 많이 사용되는 면접방법으로 보통 2 ~ 5명의 면접관이 1명의 응시자에게 질문하는 형태의 면접방법이다. 면접관이 여러 명이므로 다각도에서 질문을 하여 응시자에 대한 정보를 많이 알아낼 수 있다는 점 때문에 선호하는 면접방법이다.

하지만 응시자의 입장에서는 질문도 면접관에 따라 각양각색이고 동료 응시자가 없으므로 숨 돌릴 틈도 없게 느껴진다. 또한 관찰하는 눈도 많아서 조그만 실수라도 지나치는 법이 없기 때문에 정신적 압박과 긴장감이 높은 면접방법이다. 따라서 응시자는 긴장을 풀고 한 시험관이 묻더라도 면접관 전원을 향해 대답한다는 기분으로 또박또박 대답하는 자세가 필요하다.

• 장점

면접관이 집중적인 질문과 다양한 관찰을 통해 응시자가 과연 조직에 필요한 인물인가를 완벽히 검증할 수 있다.

• 단점

면접시간이 보통 10 ~ 30분 정도로 좀 긴 편이고 응시자에게 지나친 긴장감을 조성하는 면접방법이다.

질문을 들을 때 시선은 면접위원을 향하고 다른 데로 돌리지 말아야 하며, 대답할 때에도 고개를 숙이거나 입속에서 우물거리는 소극적인 태도는 피하도록 한다. 면접위원과 대등하다는 마음가짐으로 편안한 태도를 유지하면 대답도 자연스러운 상태에서 좀 더 충실히 할 수 있고, 이에 따라 면접위원이 받는 인상도 달라진다.

③ 집단 면접

집단 면접은 다수의 면접관이 여러 명의 응시자를 한꺼번에 평가하는 방식으로 짧은 시간에 능률적으로 면접을 진행할 수 있다. 각 응시자에 대한 질문내용, 질문횟수, 시간배분이 똑같지는 않으며, 모두에게 같은 질문이 주어지기도 하고, 각각 다른 질문을 받기도 한다.

또한 어떤 응시자가 한 대답에 대한 의견을 묻는 등 그때그때의 분위기나 면접관의 의향에 따라 변수가 많다. 집단 면접은 응시자의 입장에서는 개별 면접에 비해 긴장감은 다소 덜한 반면에 다른 응시자들과의 비교가 확실하게 나타나므로 응시자는 몸가짐이나 표현력·논리성 등이 결여되지 않도록 자신의 생각이나 의견을 솔직하게 발표하여 집단 속에 묻히거나 밀려나지 않도록 주의해야 한다.

• 장점

집단 면접의 장점은 면접관이 응시자 한 사람에 대한 관찰시간이 상대적으로 길고, 비교 평가가 가능하기 때문에 결과적으로 평가의 객관성과 신뢰성을 높일 수 있다는 점이며, 응시자는 동료들과 함께 면접을 받기 때문에 긴장감이 다소 덜하다는 것을 들 수 있다. 또한 동료가 답변하는 것을 들으며, 자신의 답변 방식이나 자세를 조정할 수 있다는 것도 큰 이점이다.

• 단점

응답하는 순서에 따라 응시자마다 유리하고 불리한 점이 있고, 면접위원의 입장에서는 각각의 개인적인 문제를 깊게 다루기가 곤란하다는 것이 단점이다.

너무 자기 과시를 하지 않는 것이 좋다. 대답은 자신이 말하고 싶은 내용을 간단명료하게 말해야 한다. 내용이 없는 발언을 한다거나 대답을 질질 끄는 태도는 좋지 않다. 또 말하는 중에 내용이 주제에서 벗어나거나 자기중심적으로만 말하는 것도 피해야 한다. 집단 면접에 대비하기 위해서는 평소에 설득력을 지닌 자신의 논리력을 계발하는 데 힘써야 하며, 다른 사람 앞에서 자신의 의견을 조리 있게 개진할 수 있는 발표력을 갖추는 데에도 많은 노력을 기울여야 한다.
• 실력에는 큰 차이가 없다는 것을 기억하라.
• 동료 응시자들과 서로 협조하라.
• 답변하지 않을 때의 자세가 중요하다.
• 개성 표현은 좋지만 튀는 것은 위험하다.

④ 집단 토론식 면접

집단 토론식 면접은 집단 면접과 형태는 유사하지만 질의응답이 아니라 응시자들끼리의 토론이 중심이 되는 면접방법으로 최근 들어 급증세를 보이고 있다. 이는 공통의 주제에 대해 다양한 견해들이 개진되고 결론을 도출하는 과정, 즉 토론을 통해 응시자의 다양한 면에 대한 평가가 가능하다는 집단 토론식 면접의 장점이 널리 확산된 데 따른 것으로 보인다. 사실 집단 토론식 면접을 활용하면 주제와 관련된 지식 정도와 이해력, 판단력, 설득력, 협동성은 물론 리더십, 조직 적응력, 적극성과 대인관계 능력 등을 쉽게 파악할 수 있다.

토론식 면접에서는 자신의 의견을 명확히 제시하면서도 상대방의 의견을 경청하는 토론의 기본자세가 필수적이며, 지나친 경쟁심이나 자기 과시욕은 접어두는 것이 좋다. 또한 집단 토론의 목적이 결론을 도출해 나가는 과정에 있다는 것을 감안하여 무리하게 자신의 주장을 관철시키기보다 오히려 토론의 질을 높이는 데 기여하는 것이 좋은 인상을 줄 수 있다는 점을 알아야 한다. 취업 희망자들은 토론식 면접이 급속도로 확산되는 추세임을 감안해 특히 철저한 준비를 해야 한다. 평소에 신문의 사설이나 매스컴 등의 토론 프로그램을 주의 깊게 보면서 논리 전개방식을 비롯한 토론 과정을 익히도록 하고, 친구들과 함께 간단한 주제를 놓고 토론을 진행해 볼 필요가 있다. 또한 사회·시사문제에 대해 자기 나름대로의 관점을 정립해두는 것도 꼭 필요하다.

⑤ PT 면접

PT 면접, 즉 프레젠테이션 면접은 최근 들어 집단 토론 면접과 더불어 그 활용도가 점차 커지고 있다. PT 면접은 기업마다 특성이 다르고 인재상이 다른 만큼 인성 면접만으로는 알 수 없는 지원자의 문제해결 능력, 전문성, 창의성, 기본 실무능력, 논리성 등을 관찰하는 데 중점을 두는 면접으로, 지원자 간의 변별력이 높아 대부분의 기업에서 적용하고 있으며, 확산되는 추세이다.

면접 시간은 기업별로 차이가 있지만, 전문지식, 시사성 관련 주제를 제시한 다음, 보통 20～50분 정도 준비하여 5분가량 발표할 시간을 준다. 면접관과 지원자의 단순한 질의응답식이 아닌, 주제에 대해 일정 시간 동안 지원자의 발언과 발표하는 모습 등을 관찰하게 된다. 정확한 답이나 지식보다는 논리적 사고와 의사표현력이 더 중시되기 때문에 자신의 생각을 어떻게 설명하느냐가 매우 중요하다.

PT 면접에서 같은 주제라도 직무별로 평가요소가 달리 나타난다. 예를 들어, 영업직은 설득력과 의사소통 능력에 중점을 둘 수 있겠고, 관리직은 신뢰성과 창의성 등을 더 중요하게 평가한다.

> **PT 면접 준비 Point**
>
> - 면접관의 관심과 주의를 집중시키고, 발표 태도에 유의한다.
> - 모의 면접이나 거울 면접을 통해 미리 점검한다.
> - PT 내용은 세 가지 정도로 정리해서 말한다.
> - PT 내용에는 자신의 생각이 담겨 있어야 한다.
> - 중간에 자문자답 방식을 활용한다.
> - 평소 지원하는 업계의 동향이나 직무에 대한 전문지식을 쌓아둔다.
> - 부적절한 용어 사용이나 무리한 주장 등은 하지 않는다.

(2) 면접의 실전 대책

① 면접 대비사항

- 지원 회사에 대한 사전지식을 충분히 준비한다.

필기시험에서 합격 또는 서류전형에서의 합격통지가 온 후 면접시험 날짜가 정해지는 것이 보통이다. 이때 수험자는 면접시험을 대비해 사전에 자기가 지원한 계열사 또는 부서에 대해 폭넓은 지식을 준비할 필요가 있다.

- 회사의 연혁
- 회장 또는 사장의 이름, 출신학교, 관심사
- 회장 또는 사장이 요구하는 신입사원의 인재상
- 회사의 사훈, 사시, 경영이념, 창업정신
- 회사의 대표적 상품, 특색
- 업종별 계열회사의 수
- 해외지사의 수와 그 위치
- 신 개발품에 대한 기획 여부
- 자기가 생각하는 회사의 장단점
- 회사의 잠재적 능력개발에 대한 제언

- 충분한 수면을 취한다.
  충분한 수면으로 안정감을 유지하고 첫 출발의 상쾌한 마음가짐을 갖는다.
- 얼굴을 생기 있게 한다.
  첫인상은 면접에 있어서 가장 결정적인 당락요인이다. 면접관에게 좋은 인상을 줄 수 있도록 화장하는 것도 필요하다. 면접관들이 가장 좋아하는 인상은 얼굴에 생기가 있고 눈동자가 살아 있는 사람, 즉 기가 살아 있는 사람이다.
- 아침에 인터넷 뉴스를 읽고 간다.
  그날의 뉴스가 질문 대상에 오를 수가 있다. 특히 경제면, 정치면, 문화면 등을 유의해서 볼 필요가 있다.

출발 전 확인할 사항

이력서, 자기소개서, 성적증명서, 졸업(예정)증명서, 지갑, 신분증(주민등록증), 손수건, 휴지, 볼펜, 메모지, 예비스타킹 등을 준비하자.

② 면접 시 옷차림

면접에서 옷차림은 간결하고 단정한 느낌을 주는 것이 가장 중요하다. 색상과 디자인 면에서 지나치게 화려한 색상이나, 노출이 심한 디자인은 자칫 면접관의 눈살을 찌푸리게 할 수 있다. 단정한 차림을 유지하면서 자신만의 독특한 멋을 연출하는 것, 지원하는 회사의 분위기를 파악했다는 센스를 보여주는 것 또한 코디네이션의 포인트이다.

복장 점검

- 구두는 잘 닦여 있는가?
- 옷은 깨끗이 다려져 있으며 스커트 길이는 적당한가?
- 손톱은 길지 않고 깨끗한가?
- 머리는 흐트러짐 없이 단정한가?

③ 면접요령
- 첫인상을 중요시한다.

  상대에게 인상을 좋게 주지 않으면 어떠한 얘기를 해도 이쪽의 기분이 충분히 전달되지 않을 수 있다. 예를 들어, '저 친구는 표정이 없고 무엇을 생각하고 있는지 전혀 알 길이 없다.'처럼 생각되면 최악의 상태이다. 우선 청결한 복장, 바른 자세로 침착하게 들어가야 한다. 건강하고 신선한 이미지를 주어야 하기 때문이다.
- 좋은 표정을 짓는다.

  얘기를 할 때의 표정은 중요한 사항의 하나다. 거울 앞에서 웃는 연습을 해본다. 웃는 얼굴은 상대를 편안하게 하고, 특히 면접 등 긴박한 분위기에서는 천금의 값이 있다 할 것이다. 그렇다고 하여 항상 웃고만 있어서는 안 된다. 자기의 할 얘기를 진정으로 전하고 싶을 때는 진지한 얼굴로 상대의 눈을 바라보며 얘기한다. 면접을 볼 때 눈을 감고 있으면 마이너스 이미지를 주게 된다.
- 결론부터 이야기한다.

  자기의 의사나 생각을 상대에게 정확하게 전달하기 위해서 먼저 무엇을 말하고자 하는가를 명확히 결정해 두어야 한다. 대답을 할 경우에는 결론을 먼저 이야기하고 나서 그에 따른 설명과 이유를 덧붙이면 논지(論旨)가 명확해지고 이야기가 깔끔하게 정리된다.

  한 가지 사실을 이야기하거나 설명하는 데는 3분이면 충분하다. 복잡한 이야기라도 어느 정도의 길이로 요약해서 이야기하면 상대도 이해하기 쉽고 자기도 정리할 수 있다. 긴 이야기는 오히려 상대를 불쾌하게 할 수가 있다.
- 질문의 요지를 파악한다.

  면접 때의 이야기는 간결성만으로는 부족하다. 상대의 질문이나 이야기에 대해 적절하고 필요한 대답을 하지 않으면 대화는 끊어지고 자기의 생각도 제대로 표현하지 못하여 면접자로 하여금 수험생의 인품이나 사고방식 등을 명확히 파악할 수 없게 한다. 무엇을 묻고 있는지, 무슨 이야기를 하고 있는지 그 요점을 정확히 알아내야 한다.

면접에서 고득점을 받을 수 있는 성공요령
1. 자기 자신을 겸허하게 판단하라.
2. 지원한 회사에 대해 100% 이해하라.
3. 실전과 같은 연습으로 감각을 익히라.
4. 단답형 답변보다는 구체적으로 이야기를 풀어나가라.
5. 거짓말을 하지 말라.
6. 면접하는 동안 대화의 흐름을 유지하라.
7. 친밀감과 신뢰를 구축하라.
8. 상대방의 말을 성실하게 들으라.
9. 근로조건에 대한 이야기를 풀어나갈 준비를 하라.
10. 끝까지 긴장을 풀지 말라.

02 롯데그룹 실제 면접

롯데그룹은 지원자의 역량, 가치관 발전 및 가능성, 보유 역량의 수준 등을 종합적이고 심도 있게 평가하기 위해 다양한 면접 방식을 도입하여 실시하고 있다. 2017년 상반기까지 조직·직무적합검사와 면접전형이 하루 동안 통합 시행했던 것과 달리 2017년 하반기부터 조직·직무적합검사를 통과한 지원자만 후에 실시되는 면접전형에 응시할 수 있게 되었다.

계열사별 차이는 있으나 PT 면접, 그룹 토의 면접(GD 면접), 역량 면접 등 최대 1 ~ 3회 이상의 과정을 거쳐 지원자의 역량을 철저히 검증하고 있다. 여기에 최근에는 지원자의 Global Communication 능력을 검증하기 위한 외국어 면접도 점차 확대하고 있으며, 코로나19 기간 동안에는 비대면 화상면접을 실시하고 있다.

1. 역량기반 구조화 면접

역량기반 구조화 면접은 해당 직무의 실무자 2명과 지원자 1명으로 약 30분에서 1시간 정도 진행된다. 회사의 기본가치 및 직무에 필요한 역량을 도출하여 만든 상황별 심층 질문을 통해, 지원자의 잠재역량을 측정하여 조직 적합도 및 직무역량이 뛰어난 인재를 선별하고자 한다. 답변 내용에 따라 상황에 맞는 심층 질문 및 꼬리 질문이 이루어지므로 지나치게 자신을 포장하려는 태도는 좋지 않다. 따라서 긍정적인 모습만으로 미화하려는 것보다는 자신의 본 모습을 솔직하게 보여줄 수 있도록 생각을 정리하고 조리 있게 답변하는 것이 중요하다.

(1) 식품부문

• 롯데제과에서 만드는 제품 중 좋아하는 것 다섯 가지를 말해 보시오. [롯데제과]
• 제과업계 특성상 미투(Me-too) 마케팅이 유행하고 있는데 어떻게 생각하는가? 또 미투(Me-too) 마케팅의 단점을 어떻게 극복할 것인가? [롯데제과]
• 지원한 직무에 맞는 남들과 차별되는 본인만의 역량이 있다면 말해 보시오. [롯데제과]
• 롯데제과 제품을 말해 보시오. [롯데제과]
• 롯데제과의 제품 중 하나를 택하여 판매해야 한다면, 어떤 방법으로 판매할 것인가? [롯데제과]
• 롯데제과의 안 좋은 이미지는 무엇이고, 그 이미지를 극복하기 위해 어떻게 해야 하는가? [롯데제과]
• 육체적인 힘듦과 정신적인 힘듦 중 어떤 것이 더 힘들다고 생각하는가? [롯데제과]
• 롯데칠성음료의 공장이 어디에 있는가? [롯데칠성음료]
• 육아 휴직에 대한 본인의 생각을 타당한 근거를 들어 말해 보시오. [롯데칠성음료]
• 루트 영업에 대해 말해 보시오. [롯데칠성음료]
• 롯데칠성음료가 생산하는 제품에 대해 말해 보시오. [롯데칠성음료]
• 롯데푸드의 기업 이미지에 대해 말해 보시오. [롯데푸드]
• 롯데푸드에 대해 아는대로 다 말해 보시오. [롯데푸드]
• 왜 롯데리아는 일본과 관련된 이미지를 벗어나지 못한다고 생각하는가? [롯데리아]
• 롯데리아의 CSV 향상 및 이미지 제고 방안에 대해 말해 보시오. [롯데리아]
• 롯데리아가 운영하는 외식업체를 방문한 경험이 있는가? 소감을 말해 보시오. [롯데리아]
• 학업 외 활동 경험을 직무에서 어떻게 살릴 것인가? [롯데리아]
• 롯데리아에서 가장 좋아하는 햄버거는 무엇인가? 그 이유는? [롯데리아]

- 스타벅스와 엔젤리너스의 인기 차이에 대해 어떻게 생각하는가, 그리고 극복 방안에 대해 말해 보시오. [롯데리아]
- 롯데의 인재상에 대해 말해 보시오. [롯데중앙연구소]
- 삶에서 가장 중요한 가치는 무엇인지 말해 보시오. [롯데중앙연구소]
- 롯데의 신제품에 대해서 말해 보시오. [롯데중앙연구소]
- 롯데의 식품 중 가장 좋아하는 것과 개선해야 하는 점에 대해 말해 보시오. [롯데중앙연구소]
- 집단의 리더가 되어 성공을 이끈 경험이 있는가? 그 과정에서 실패는 없었는가? [롯데중앙연구소]

(2) 관광부문

- 대인관계에서 갈등이 일어난 상황에서 본인이 했던 행동을 말해 보시오. [롯데호텔]
- 롯데호텔에 대해 아는 대로 다 설명해 보시오. [롯데호텔]
- 왜 본인을 뽑아야 하는지 말해 보시오. [롯데호텔]
- 상사의 부당한 지시에 따를 것인가? [롯데호텔]
- 가장 기억나는 PT는 무엇인가? [롯데호텔]
- 본인이 경험한 최고와 최악의 서비스에 대해 말해 보시오. [롯데월드]
- 서비스의 범위는 어디까지라고 생각하는가? [롯데월드]
- 블랙컨슈머를 만났던 경험과 어떻게 본인이 대처했는지 말해 보시오. [롯데월드]
- 아르바이트 경험에 대해 말해 보시오. [롯데월드]

(3) 서비스부문

- 편법을 사용하지 않고 정당하게 무언가를 이루어낸 경험에 대해 말해 보시오. [롯데글로벌로지스]
- 무리한 부탁을 받은 경험에 대해 말해 보시오. [롯데글로벌로지스]
- 인생에 있어 도전했던 경험에 대해 말해 보시오. [롯데글로벌로지스]
- 동아리나 팀 리더로 활동했던 경험에 대해 말해 보시오. [롯데시네마]
- 일과 삶의 균형에 대한 본인의 생각을 말해 보시오. [롯데시네마]
- IT분야 외의 관심 있는 분야는 무엇인가? [롯데정보통신]
- 자기소개서에 인턴 경험이 있는데 본인이 어떤 일을 했는지 자세히 말해 보시오. [롯데정보통신]
- 프로젝트를 진행한 경험이 있는데, 힘들었던 일은 없었는가? 또 갈등상황은 어떻게 해결했는지 말해 보시오. [롯데정보통신]
- 학교시험 때 족보를 보는 것에 대해 어떻게 생각하는가? [롯데정보통신]
- 관습이나 관례에 대해 어떻게 생각하는가? [롯데정보통신]
- L-PAY에 대해 말해 보시오. [로카모빌리티]
- 본인이 영향력을 발휘하여 기존의 상황을 변화시킨 사례에 대해 말해 보시오. [로카모빌리티]
- 청년실업으로 4행시를 해 보시오. [롯데렌탈]
- 연필의 다른 용도를 5가지 말해 보시오. [롯데렌탈]
- 사회 실업난은 누구의 책임인가? [롯데렌탈]

(4) 유통부문

- 창의적으로 일을 해낸 경험에 대해 말해 보시오. [롯데백화점]
- 주변의 맛집은 어디인가? 본인이 생각하는 맛집의 요인은 무엇인지 말해 보시오. [롯데백화점]
- 왜 롯데인가? [롯데백화점]
- 부당한 요구를 받은 경험이 있다면 말해 보시오. [롯데백화점]
- 롯데백화점 식품 매장을 방문한 경험이 있는가? 느꼈던 점은 무엇인가? [롯데백화점]
- 업무 중 협력사나 매장에서 근무하는 사람들과 부딪힐 때 대처할 것인가? [롯데백화점]
- 헌법 제1조가 무엇인지 아는가? [롯데백화점]
- 롯데백화점의 해외 지사가 어디에 있는지 아는가? [롯데백화점]
- 지방근무나 주말근무도 가능한가? [롯데백화점]
- 마케팅 4P에 대해 설명해 보시오. [롯데백화점]
- Co - Work가 불가능한 팀과 Co - Work를 해야 할 때 어떻게 하겠는가? [롯데백화점]
- 나이가 더 많은 사람이 후배로 들어오면 어떻게 관리하겠는가? [롯데백화점]
- 1 ~ 2년 사이 친구는 몇 명 사귀었는가? 그 친구 중 가장 친한 친구의 이름은 무엇인가? 또한 그 친구와 친하게 지낼 수 있었던 자신만의 방법을 말해 보시오. [롯데백화점]
- 오늘 면접장에 와서 주변 지원자들과 무슨 이야기를 했는가? [롯데백화점]
- 카카오톡에 친구 수는 총 몇 명인가? 또 그 친구들을 어떻게 그룹화 할 수 있는가? [롯데마트]
- 도박, 투기, 투자의 차이점은 무엇인가? [롯데마트]
- 타 마트로부터 배워야 할 점은 무엇인가? [롯데마트]
- 지금 당장 여행가고 싶은 곳은 어디인가? 그 이유는? [롯데마트]
- 다른 계열사도 많은데 왜 하이마트에 지원했는가? [롯데하이마트]
- 오늘 면접장에 몇 시에 도착했는가? [롯데하이마트]
- 자신의 윤리성을 점수로 매기자면 몇 점인가? 그 이유는? [롯데하이마트]
- 공백기가 다른 지원자들에 비해 긴 편이다. 공백기 동안 무엇을 했는가? [롯데하이마트]
- 아르바이트를 할 때 가장 기뻤던 점은 무엇인가? [롯데하이마트]
- 요즘 관심 있게 보고 있는 것은 무엇인가? [롯데하이마트]
- 롯데면세점 어플리케이션을 쓰면서 불편했던 점과 좋았던 점을 이야기해 보시오. [롯데면세점]
- 면세점 시장의 동향에 대해 설명한 후, 매출신장의 방법에 대해 말해 보시오. [롯데면세점]
- (비영업부문 지원자에게) 프로모션을 성공적으로 해본 경험이 있는가? [롯데면세점]
- (시간제한) 본인을 PR해 보시오. [롯데면세점]
- 최근 2년 안에 가장 몰두했던 일은 무엇인가? [롯데슈퍼]
- 동시에 여러 가지 일을 한 경험에 대해 말해 보시오. [코리아세븐]
- 대학교 시험 때 컨닝한 학생들을 본적이 있는가? 그에 대한 본인의 행동은? [코리아세븐]
- 역량은 작으나 큰 성취를 한 경험에 대해 말해 보시오. [코리아세븐]
- 상사가 남아서 야근을 지시하면 어떻게 할 것인가? 단, 다른 직원들은 모두 정시 퇴근을 하며, 본인이 혼자 남을 경우 다른 직원들의 눈치를 받게 된다. [롯데홈쇼핑]
- MD의 입장에서 상품을 어떻게 기획할 것인가? [롯데홈쇼핑]
- 관행을 바꾼 경험이 있다면 말해 보시오. [롯데홈쇼핑]

(5) 유화부문

- 본인의 인성을 파악할 만한 질문은 무엇이라고 생각하는가? 그 질문의 답을 말해 보시오. [롯데케미칼]
- 학점은 평가 기준에서 몇 위라고 생각하는가? [롯데케미칼]
- 컨닝을 한 경험이 있는가? [롯데케미칼]
- 지방근무에 대해 어떻게 생각하는가? [롯데케미칼]
- 상사가 범법행위를 저지른다면 어떻게 할 것인가? [롯데케미칼]
- 지방근무를 하더라도 잘 적응할 수 있겠는가? [롯데케미칼]

(6) 건설 · 제조부문

- 롯데건설의 구호를 알고 있는가? [롯데건설]
- 평소 정보를 어떻게 얻는가? [롯데건설]
- 리더십을 발휘한 사례에 대해 말해 보시오. [롯데건설]
- 살면서 어려웠던 경험에 대해 말해 보시오. [롯데건설]
- 현장에서 소음 문제는 어떻게 해결될 수 있는가? [롯데건설]
- (세종대왕 제외) 존경하는 조선시대 왕을 말해 보시오. [롯데건설]
- 성격의 장단점에 대해 말해 보시오. [롯데알미늄]
- 4차산업이 영업직무에 어떤 영향을 미칠 것 같은가? [롯데알미늄]
- 생산지원 직무에 대해 설명해 보시오. [캐논코리아비즈니스솔루션]
- 원하는 직무에서 업무를 볼 수 없다면 어떻게 하겠는가? [캐논코리아비즈니스솔루션]
- 본인의 실패 경험에 대해 말해 보시오. [캐논코리아비즈니스솔루션]

(7) 금융부문

- 최근 롯데카드가 진행하는 광고를 봤는가? 그 광고에 대해 어떻게 생각하는가? [롯데카드]
- 사람들을 설득할 때 어떤 방법으로 설득하는가? [롯데카드]
- 인 · 적성검사를 공부하면 도움이 되는가? 어떤 면에서 도움이 되는가? [롯데캐피탈]
- 통화정책과 재정정책 중 무엇이 더 효과적이라고 생각하는가? [롯데캐피탈]
- 뉴스를 보는가? 요즘 이슈는 무엇인가? [롯데캐피탈]
- 다른 금융회사도 지원을 했는가? [롯데캐피탈]
- 할부와 리스의 차이점에 대해 말해 보시오. [롯데캐피탈]
- 롯데캐피탈에 대해 평소 알고 있었는가? [롯데캐피탈]
- 직무를 선택한 이유에 대해 말해 보시오. [롯데손해보험]
- 창의성을 발휘하여 문제를 해결한 경험이 있는가? [롯데손해보험]
- 대리출석을 한 경험이 있는가? [롯데손해보험]
- 자신의 강점에 대해 말해 보시오. [롯데자산개발]
- 봉사활동에서 얻은 교훈에 대해 말해 보시오. [롯데멤버스]
- 힘든 일을 극복한 과정에 대해 말해 보시오. [롯데멤버스]
- 본인이 성취한 뛰어난 성과에 대해 말해 보시오. [롯데멤버스]

2. GD(Group Discussion) 면접

GD(Group Discussion) 면접은 특정주제에 대해 자유토의 방식으로 4 ~ 6명이 한 조가 되어 30분가량 토론이 진행된다. 면접관은 토론에 전혀 관여하지 않으며 찬반 토론이 아닌 주제에 대한 토의로 서로 의견을 공유하며 해결 방안을 도출한다. 또한 해당 주제에 대한 특정 정답을 요구하는 것이 아니므로 단순히 지적 수준이나 토론 능력만을 평가하지 않는다. 따라서 토론에 임하는 자세와 의사소통능력, 협동심이 등이 더욱 중요하다.

(1) 식품부문
- 약국 외 약품 판매 [롯데푸드]

(2) 관광부문
- 전망대, 키즈파크, 아쿠아리움, 어드밴처, 워터파크의 통합 마케팅 방안 [롯데월드]
- 롯데월드 타워의 활용 방안 [롯데월드]
- 갑질논란에 대한 의견 [롯데제이티비]

(3) 서비스부문
- 3PL 영업전략 [롯데글로벌로지스]
- 롯데시네마 월드타워관 운영 및 활성화 방안 [롯데시네마]
- O2O 서비스 발전 방향 [롯데정보통신]
- 공인인증서 폐지 [롯데정보통신]
- 경쟁사인 AJ렌터카의 저가전략에 대한 대응 방안 [롯데렌탈]

(4) 유통부문
- CRV에 대한 아이디어 [롯데백화점]
- 1인 가구 트렌드에 맞는 롯데백화점의 상품, 서비스 전략 [롯데백화점]
- (백화점 아울렛 시장에 대한 기사) 백화점 3사 아울렛 시장 [롯데백화점]
- 중국 롯데 백화점 홍보 마케팅 전략 [롯데백화점]
- 고유가 대책과 유류세 인하 [롯데백화점]
- 종교인의 세금 부과 [롯데백화점]
- 선거운동과 SNS [롯데백화점]
- 학생 체벌 금지 [롯데백화점]
- (새롭게 표준어가 된 단어 제시) 새 표준어 개정안에 대한 의견 [롯데백화점]
- 하이마트 PB 상품 개발에서 고려해야 할 요소 및 홍보전략 [롯데하이마트]
- 고객 니즈를 충족시킬 수 있는 편의점 신전략 [코리아세븐]
- 편의점의 수익성 강화를 위해 필요한 변화 [코리아세븐]
- 롯데닷컴 단합대회 기획 [롯데닷컴]

(5) 유화부문
- 롯데케미칼의 환경경영 [롯데케미칼]

(6) 건설 · 제조부문

- 롯데건설이 나아갈 새로운 사업 [롯데건설]
- 역발상과 롯데건설이 나아가야 할 방향 [롯데건설]
- 천안함 피폭 사건과 관련한 국민의 알 권리와 국가 기밀 보호 [롯데건설]

(7) 금융부문

- 보험사기를 근절하기 위한 해결방안 [롯데손해보험]

3. PT 면접

프레젠테이션 면접은 주어진 주제에 대해 지원자가 직접 분석 및 자료 작성을 통해 발표를 진행하는 방식으로 이루어진다. 조별로 기사가 3개 정도 주어지며 면접관 2명과 지원자 1명으로 구성되어 10분 정도 진행된다. PT 면접에서 중요한 것은 정해진 시간 내에 합리적이고 독창적인 결과를 도출해 낼 수 있는 분석력과 창의성이다. 또한 이를 상대방에게 효과적으로 전달할 수 있는 발표능력도 매우 중요하다.

(1) 식품부문

- 롯데제과의 제품 하나를 골라 할랄 식품 인증을 획득할 계획을 수립하시오. [롯데제과]
- (시장 점유율 표 제시) 시장의 변화를 주기 위한 상품과 현실적인 적용 방안 [롯데칠성음료]
- 브랜드 이미지 상승 방안 [롯데칠성음료]
- 파스퇴르 우유 제품을 중국 시장 어느 연령대에 어떻게 공략할 것인지 말해 보시오. [롯데푸드]
- 편의점 도시락 메뉴 및 간편식 시장을 공략하고자 할 때 활성화 방안에 대해 말해 보시오. [롯데푸드]
- 1인 가족을 타겟으로 한 새로운 상품 개발에 대해 말해 보시오. [롯데푸드]
- 한식의 세계화 방안 [롯데푸드]
- 부실한 군납 급식 개선 방안 [롯데푸드]
- 롯데리아의 옴니채널 활용 방안을 말해 보시오. [롯데리아]
- (식품 트렌드 관련 기사 제시) 롯데에서 개발할 신제품을 발표하고자 할 때, 이름, 포장법, 타깃, 가격 등의 계획을 수립하여 발표하시오. [롯데중앙연구소]

(2) 유통부문

- 코즈마케팅과 관련한 기업의 실천 방안 [롯데백화점]
- 경쟁 백화점과의 차별 방안 [롯데백화점]
- 매출부진을 극복하기 위한 상품 기획안 제시 [롯데슈퍼]
- 배송경쟁, 가격 경쟁 심화 속에서 롯데홈쇼핑 만의 차별화된 경쟁 방안 제시 [롯데홈쇼핑]

(3) 유화부문

- 롯데케미칼의 환경 경영 [롯데케미칼]

(4) 건설 · 제조부문

- B2C분야로 처음 진출할 때, 아이템이나 기업 브랜드를 홍보할 수 있는 방안 제시 [롯데기공]

---

(5) 금융부문

- 주어진 기사를 바탕으로 서비스 기획 [롯데카드]
- 창업 지원에 초점을 맞추면 어떤 업종을 추천하겠는가? [롯데캐피탈]
- 오토리스 직무 관련해서는 어떤 업종을 추천하겠는가? [롯데캐피탈]
- 롯데 멤버스 제휴사와 상호 송객을 통한 마케팅 전략 [롯데멤버스]

4. 외국어 면접

외국어 면접은 영어, 일어, 중국어 중 하나를 선택하여 구술평가로 진행된다. 계열사마다 필수적으로 보는 곳이 있고 선택적으로 보는 곳이 있다. 필수적으로 보는 곳은 보통 영어로 간단한 질문을 하는 유형이다. 선택적으로 보는 곳이면 자신이 외국어에 자신이 있다고 생각하는 사람만 신청해서 면접을 볼 수 있으며 면접을 보지 않는다고 해도 감점은 없다. 단지 잘 봤을 경우의 가점만 있을 뿐이다.

(1) 식품부문

- 자기소개를 해 보시오. [롯데제과]
- 영어 멘토링 봉사활동을 했는데 활동 내용을 영어로 상세히 말해 보시오. [롯데제과]

(2) 관광부문

- 사는 곳에 대해 설명해 보시오. [롯데호텔]
- 여행을 좋아하는가? 여행을 가본 곳 중 인상 깊었던 곳을 설명해 보시오. [롯데호텔]
- 전공에 대해 설명해 보시오. [롯데호텔]
- 쉬는 날에는 보통 무엇을 하는가? [롯데호텔]
- 자기소개를 해 보시오. [롯데월드]
- 본인의 장단점에 대해 말해 보시오. [롯데월드]
- 취미를 말해 보시오. [롯데월드]
- 입사 후 각오에 대해 말해 보시오. [롯데월드]

(3) 유통부문

- 본인의 성격을 묘사해 보시오. [롯데백화점]
- (짧은 글 제시) 다음 글을 요약한 후, 본인의 생각에 대해 말해 보시오. [롯데백화점]
- (한글 신문 기사 제시) 기사 내용을 요약해서 1분 동안 말해 보시오. [롯데백화점]
- 롯데백화점의 장단점에 대해 말해 보시오. [롯데백화점]
- 최근 관심 있게 본 뉴스는 무엇인가? [롯데백화점]
- 현대백화점과 롯데백화점의 차이는 무엇인가? [롯데백화점]
- 주말엔 무엇을 했는가? [롯데백화점]
- 친구란 무엇인가? [롯데백화점]
- 왜 롯데면세점에 지원했는가? [롯데면세점]
- 친구들이 본인을 어떻게 묘사하는가? [롯데면세점]
- 롯데면세점의 강점에 대해 말해 보시오. [롯데면세점]
- 자기소개를 해 보시오. [롯데면세점]

(4) 유화부문

- 자기소개를 해 보시오. [롯데케미칼]
- 주말 계획을 말해 보시오. [롯데케미칼]
- 자신의 인생 목표를 말해 보시오. [롯데케미칼]

5. 임원 면접

면접관(임원) 3 ～ 4명, 지원자 3 ～ 4명으로 구성된 다대다 면접으로 진행되며 공통된 질문 또는 개별 질문에 대한 답변으로 30분 정도 진행된다. 가장 중점적으로 평가하는 부분은 지원자의 기본 인성과 조직 적합성 부분이다. 따라서 지원하는 회사에 대한 관심과 깊이 있는 이해가 매우 중요하다. 또한 자신이 회사에 필요한 인재임을 증명하고, 회사의 발전과 더불어 자신도 성장할 수 있는 성장 가능성을 제시할 수 있다면 좋다. 특히 임원 면접은 인성적 측면에 대한 검증의 의미가 크기 때문에 임의로 준비한 자세와 답변보다는 자신의 진실된 모습을 여과 없이 보여주는 것이 좋다.

(1) 식품부문

- 버킷리스트가 있는가? [롯데제과]
- 생산이란 무엇이라고 생각하는가? [롯데제과]
- 지원동기를 말해 보시오. [롯데칠성음료]
- 주량은 어떻게 되는가? [롯데칠성음료]
- 입사 후 하고 싶은 일에 대해 말해 보시오. [롯데칠성음료]
- 친구들 사이에서 본인의 역할에 대해 말해 보시오. [롯데푸드]
- 본인이 잘하는 것에 대해 말해 보시오. [롯데푸드]
- 40살까지의 목표가 있는가? [롯데리아]
- 인생의 목표에 대해 말해 보시오. [롯데리아]
- 본인의 롤 모델에 대해 말해 보시오. [롯데리아]
- 옷은 어떤 색을 주로 입는가? [롯데리아]
- 여자친구(남자친구)를 부모님에게 직접 소개한다면, 어떤 점에 포인트를 둘 것인가? [롯데리아]
- 돈, 일, 명예 중 어떤 것을 선택할 것인가? [롯데중앙연구소]
- 삶에서 가장 중요한 가치는 무엇인가? [롯데중앙연구소]

(2) 관광부문

- 본인을 색깔로 표현해 보시오. [롯데호텔]
- 영어를 제외하고 할 수 있는 외국어가 있는가? [롯데호텔]
- 후회했던 순간에 대해 말해 보시오. [롯데호텔]
- 여행이란 무엇인가? [롯데제이티비]
- 본인의 강점에 대해 말해 보시오. [롯데제이티비]
- 여성을 위한 여행 상품을 기획해 보시오. [롯데제이티비]
- 롯데제이티비가 나아가야 할 방향에 대해 본인의 의견을 말해 보시오. [롯데제이티비]

(3) 서비스부문

- 지원동기를 말해 보시오. [롯데글로벌로지스]
- 감명 깊게 읽은 책을 말해 보시오. [롯데글로벌로지스]
- 낮은 연봉에 대한 본인의 생각을 말해 보시오. [롯데글로벌로지스]
- 취업난이 심해지는 이유에 대한 본인의 생각을 말해 보시오. [롯데글로벌로지스]
- 임금피크제에 대한 본인의 생각을 말해 보시오. [롯데글로벌로지스]
- 취미는 무엇인가? [롯데정보통신]
- 빅데이터 시대에 빅데이터를 활용한 마케팅 방안에 대해 말해 보시오. [로카모빌리티]
- 입사한다면 어떤 영업사원이 되고 싶은지 말해 보시오. [롯데렌탈]
- 영업과 마케팅의 차이점에 대해 말해 보시오. [롯데렌탈]

(4) 유통부문

- 준비한 자기소개가 아닌, 지금 이 자리에서 즉석으로 성장과정에 대해 말해 보시오. [롯데백화점]
- 롯데그룹의 비리에 대한 본인의 생각을 말해 보시오. [롯데백화점]
- 롯데백화점 지원을 언제부터 결심했는가? [롯데백화점]
- 마지막으로 하고 싶은 말을 해 보시오. [롯데백화점]
- 백화점이 무엇이라고 생각하는가? [롯데백화점]
- 백화점의 입지조건으로 무엇이 중요하다고 생각하는가? [롯데백화점]
- 최근 부모님과의 통화는 언제인가? [롯데하이마트]
- 본인의 전공과 하이마트의 관련성은 무엇인가? [롯데하이마트]
- 주변 사람들로부터 본인은 어떤 사람이라는 평판을 듣는가? [롯데하이마트]
- 월드컵과 연관 지어 마케팅 방안을 말해 보시오. [롯데면세점]
- 졸업 논문은 어떤 내용인가? 구체적으로 말해 보시오. [롯데면세점]
- 당신이 임원이라면 어떤 사람을 뽑겠는가? [롯데면세점]
- 매장을 방문한 경험이 있는가? 방문한 매장의 문제점을 개선할 방안을 말해 보시오. [롯데슈퍼]
- 코리아세븐을 연상시키는 이미지를 세 가지 단어로 말한다면? [코리아세븐]
- 롯데그룹의 중심가치는 무엇인가? [코리아세븐]
- 임원들의 이미지가 어떠한가? [코리아세븐]
- 취미는 무엇인가? [코리아세븐]
- (한국사 자격증이 있는 지원자에게) 고구려, 백제, 신라의 멸망 순서를 아는가? [코리아세븐]
- (공대 출신 지원자에게) 전공이 다른데 영업에 지원한 특별한 이유가 있는가? [코리아세븐]
- 편의점 야근 아르바이트를 해본 경험이 있는가? [코리아세븐]
- 일정관리를 어떻게 하는 편인가? [코리아세븐]
- (돌발질문) 면접실 뒤에 있는 달력은 왜 있는 것 같은가? [롯데홈쇼핑]
- 스타트업에 대한 생각과 한국에서 스타트업에 잘 안 되는 이유에 대해 말해 보시오. [롯데홈쇼핑]
- 30만 원 공기청정기보다 130만 원 공기청정기의 매출이 더 높다. 문제점과 이유는 무엇이라고 생각하는가? [롯데홈쇼핑]
- 가장 친한 친구가 있다면 누구이고 왜 그렇게 생각하는가? [코리아세븐]
- 219,000원보다 199,000원일 때 상품의 매출이 높다. 그 이유는 무엇이라고 생각하는가? [롯데홈쇼핑]

- 가치란 무엇인가? [롯데홈쇼핑]
- 옆 경쟁사에서 대박 난 상품을 롯데홈쇼핑에서도 판매하려고 한다. 경쟁사에서는 마진이 30%였지만, 우린 20%였다. 본인이 MD라면 어떻게 할 것인가? [롯데홈쇼핑]
- 롯데홈쇼핑의 약점과 강점에 대한 본인의 생각을 말해 보시오. [롯데홈쇼핑]
- 자신 있는 본인만의 역량에 대해 말해 보시오. [롯데닷컴]

(5) 유화부문
- 10년 후, 20년 후, 30년 후 본인의 모습을 각각 말해 보시오. [롯데케미칼]
- 선망하는 기업이 있는가? [롯데케미칼]
- 존경하는 기업인이 있는가? [롯데케미칼]
- 평소에 생각하는 롯데의 긍정적인 이미지와 부정적인 이미지에 대해 말해 보시오. [롯데케미칼]

(6) 건설·제조부문
- 부모님과의 대화는 자주 하는 편인가? [롯데건설]
- 입사를 한다면 진급 목표는 어디까지 생각하고 있는가? [롯데건설]
- 왜 이 직무를, 왜 롯데에서 하고자 하는가? [롯데건설]
- 현재 우리 부서가 주력하고 있는 부분에 대해 아는 것이 있다면 말해 보시오. [롯데건설]
- 가장 힘들었던 점은 무엇인가? [롯데알미늄]
- 본인만의 영업 전략에 대해 말해 보시오. [캐논코리아비즈니스솔루션]
- 조직 생활에서 다른 사람과 충돌한 경험이 있다면 말해 보시오. [캐논코리아비즈니스솔루션]

(7) 금융부문
- 이틀 뒤에 당신이 합격하였는데, 그 주 주말에 로또에 당첨이 된다면 입사를 하겠는가? [롯데카드]
- 손해보험업에 지원한 이유가 무엇인가? [롯데손해보험]
- 여러 보험사 중 롯데손해보험을 지원한 이유가 무엇인가? [롯데손해보험]
- 지원 직무 내에서 구체적으로 하고 싶은 업무가 무엇인가? [롯데손해보험]